CONSTITUIÇÃO
DE ATENAS

O livro é a porta que se abre para a realização do homem.

Jair Lot Vieira

ARISTÓTELES

CONSTITUIÇÃO
DE ATENAS

TRADUÇÃO, TEXTOS ADICIONAIS E NOTAS
EDSON BINI
Estudou Filosofia na Faculdade de Filosofia,
Letras e Ciências Humanas da USP.
É tradutor há mais de 40 anos.

Copyright da tradução e desta edição © 2012 by Edipro Edições Profissionais Ltda.

Todos os direitos reservados. Nenhuma parte deste livro poderá ser reproduzida ou transmitida de qualquer forma ou por quaisquer meios, eletrônicos ou mecânicos, incluindo fotocópia, gravação ou qualquer sistema de armazenamento e recuperação de informações, sem permissão por escrito do editor.

Grafia conforme o novo Acordo Ortográfico da Língua Portuguesa.

1ª edição, 1ª reimpressão 2022.

Editores: Jair Lot Vieira e Maíra Lot Vieira Micales
Coordenação editorial: Fernanda Godoy Tarcinalli
Produção editorial: Murilo Oliveira de Castro Coelho
Tradução, textos adicionais e notas: Edson Bini
Revisão: Brendha Rodrigues Barreto e Pedro Baraldi
Acentuação do grego: Ticiano Lacerda
Diagramação: Karina Tenório
Capa: Simone Melz
Adaptação de capa: Danielle Mariotin

Dados Internacionais de Catalogação na Publicação (CIP)
(Câmara Brasileira do Livro, SP, Brasil)

Aristóteles (384-322 a.C.)
    Constituição de Atenas / Aristóteles ; tradução, textos adicionais e notas Edson Bini – São Paulo : Edipro, 2012.
(Série Clássicos Edipro)

    Título original: ΑΘΗΝΑΙΩΝ ΠΟΛΙΤΕΙΑ

    ISBN 978-85-7283-709-5

    1. Atenas (Grécia) – Constituição 2. Atenas (Grécia) – Política e governo 3. Direito constitucional – Grécia – Atenas 4. Filosofia antiga 5. Filosofia grega I. Bini, Edson. II. Título. III. Série.

11-07672   CDU-342(38)

Índice para catálogo sistemático:
1. Filosofia aristotélica : Atenas : Grécia :
Direito constitucional : 342(38)

São Paulo: (11) 3107-7050 • Bauru: (14) 3234-4121
www.edipro.com.br • edipro@edipro.com.br
@editoraedipro   @editoraedipro

SUMÁRIO

APRESENTAÇÃO | 7

CONSIDERAÇÕES DO TRADUTOR | 9

DADOS BIOGRÁFICOS | 11

ARISTÓTELES: SUA OBRA | 19

CRONOLOGIA | 37

CONSTITUIÇÃO DE ATENAS | 39

APRESENTAÇÃO

A SABOROSA HISTÓRIA DA DESCOBERTA da *Constituição de Atenas*, de Aristóteles, tem seu início em 1880, no Egito, onde foram encontradas duas folhas de papiro de pouca dimensão e em estado precaríssimo. Após ingentes esforços e meticuloso exame, os especialistas concluíram que procediam de uma cópia de um dos muitíssimos (no mínimo, 125) estudos de constituições helênicas elaborados por Aristóteles, no caso o estudo da Constituição de Atenas.

Em 1890, o atento bibliotecário do Museu Britânico, Frederick G. Kenyon, ao observar alguns rolos de papiro, pousou o olhar em quatro folhas que continham quase o tratado inteiro da *Constituição de Atenas*. Uma inspeção mais detida revelou a falta do início do tratado (possivelmente um preâmbulo), uma primeira página em branco e a última porção muito fragmentária. Supõe-se que essa cópia datava de 100 d.C., e é quase certo que foi confeccionada para um particular. É provável que, com a morte de seu proprietário, tenha sido inumada com ele em terra egípcia.

Um ano depois (1891), Kenyon lançava uma edição do texto, incluindo um fac-símile do papiro, além de introdução e notas.

As edições revisadas sucederam-se em 1893, 1903 e 1920, já contendo além do texto grego estabelecido por Kenyon, a reconstituição conjetural da última porção (edição de 1903) e a tradução do próprio Kenyon (edição de 1920 pela Oxford).

No sistema expositivo de Aristóteles, a *Constituição de Atenas* (a única até a atualidade descoberta e resgatada de mais de uma centena de outras que permanecem perdidas) ocupa uma posição clara, definida pelo próprio Aristóteles nas últimas linhas (1181b15-20) da *Ética a Nicômaco*, ou seja, entre a *Ética* e a *Política*.

Na primeira parte do tratado (a mais extensa), Aristóteles traça a história política de Atenas (indicando, inclusive, as ações de legisladores e líderes políticos) desde *circa* 520 a.C., com a monarquia hereditária absoluta, até 403 a.C., um ano após o desfecho da Guerra do Peloponeso, com a muito efêmera Atenas dos Trinta Tiranos e a restauração da democracia.

Evidentemente, Aristóteles, o filósofo, não se contenta e não se circunscreve com um mero traçado histórico descritivo. Esse traçado é permeado por suas avaliações e reflexões.

Na segunda parte, Aristóteles descreve minuciosamente os elementos institucionais da Constituição vigente, ou seja, a última, instaurada após a queda dos Trinta Tiranos, em 403 a.C., e que se conserva até a contemporaneidade do autor.

Considerações do
TRADUTOR

PAUTAMOS NOSSA TRADUÇÃO pela regra de trilhar o caminho mediano entre a literalidade e a paráfrase, uma e outra isoladamente, a nosso ver, inconvenientes, sobretudo em um trabalho cuja meta é meramente didática e formativa do prisma humanístico, e não erudita.

Os possíveis termos entre colchetes tentam completar conjeturalmente ideias onde surgem hiatos que podem comprometer o entendimento.

Por ter sido descoberta somente em 1880, a Constituição de Atenas não possui a numeração referencial de Immanuel Bekker, ou seja, a da edição de 1831 do eminente helenista.

Serviu-nos de base o texto grego de Frederick G. Kenyon na sua *editio princeps*, mas consideramos também variações das edições revistas posteriormente pelo próprio Kenyon.

Pedimos ao leitor, legítimo juiz de nosso trabalho, que expresse sua opinião, inclusive críticas e sugestões, o que nos possibilitará tanto corrigir possíveis erros quanto aprimorar edições vindouras.

DADOS BIOGRÁFICOS

ARISTÓTELES NASCEU EM ESTAGIRA, cidade da Macedônia, localizada no litoral noroeste da península da Calcídia, cerca de trezentos quilômetros ao norte de Atenas. O ano de seu nascimento é duvidoso – 385 ou, mais provavelmente, 384 a.C.

Filho de Nicômaco e Féstias, seu pai era médico e membro da fraternidade ou corporação dos *Asclepíades* (Ἀσκληπίαδης [*Asklepíades*], ou seja, *filhos ou descendentes de Asclépios*, o deus da medicina). A arte médica era transmitida de pai para filho.

Médico particular de Amintas II (rei da Macedônia e avô de Alexandre), Nicômaco morreu quando Aristóteles tinha apenas sete anos, tendo desde então o menino sido educado por seu tio Proxeno.

Os fatos sobre a infância, a adolescência e a juventude de Aristóteles são escassos e dúbios. Presume-se que, durante o brevíssimo período que conviveu com o pai, este o tenha levado a Pela, capital da Macedônia ao norte da Grécia, e tenha sido iniciado nos rudimentos da medicina pelo pai e pelo tio.

O fato indiscutível e relevante é que aos dezessete ou dezoito anos o jovem Estagirita transferiu-se para Atenas, e durante cerca de dezenove anos frequentou a *Academia* de Platão, deixando-a somente após a morte do mestre em 347 a.C., embora Diógenes Laércio (o maior dos biógrafos de Aristóteles na antiguidade) afirme que ele a deixou enquanto Platão ainda era vivo.

Não há dúvida de que Aristóteles desenvolveu laços de amizade com seu mestre e foi um de seus discípulos favoritos. Mas foi Espeusipo que herdou a direção da Academia.

O leitor nos permitirá aqui uma ligeira digressão.

Espeusipo, inspirado no último e mais extenso diálogo de Platão (*As Leis*), conferiu à Academia um norteamento franca e profundamente marcado pelo orfismo pitagórico, o que resultou na rápida transformação da Academia platônica em um estabelecimento em que predominava o estudo e o ensino das matemáticas, trabalhando-se mais elementos de reflexão e princípios pitagóricos do que propriamente platônicos.

Divergindo frontalmente dessa orientação matematizante e mística da filosofia, Aristóteles abandonou a Academia acompanhado de outro discípulo de Platão, Xenócrates, o qual, contudo, retornaria posteriormente à Academia, aliando-se à orientação pitagorizante de Espeusipo, mas desenvolvendo uma concepção própria.

Os "fatos" que se seguem imediatamente acham-se sob uma nuvem de obscuridade, dando margem a conjeturas discutíveis.

Alguns autores pretendem que, logo após ter deixado a Academia, Aristóteles abriu uma Escola de retórica com o intuito de concorrer com a famosa Escola de retórica de Isócrates. Entre os discípulos do Estagirita estaria o abastado Hérmias, que pouco tempo depois se tornaria tirano de Atarneu (ou Aterna), cidade-Estado grega na região da Eólida.

Outros autores, como o próprio Diógenes Laércio, preferem ignorar a hipótese da existência de tal Escola e não entrar em minúcias quanto às circunstâncias do início do relacionamento entre Aristóteles e Hérmias.

Diógenes Laércio limita-se a afirmar que alguns supunham que o eunuco Hérmias era um favorito de Aristóteles, e outros, diferentemente, sustentam que o relacionamento e o parentesco criados entre eles foram devidos ao casamento de Aristóteles com Pítia – filha adotiva, irmã ou sobrinha de Hérmias – não se sabe ao certo.

Um terceiro partido opta por omitir tal Escola e associa o encontro de Aristóteles com Hérmias indiretamente a dois discípulos de Platão e amigos do Estagirita, a saber, Erasto e Corisco, que haviam redigido uma Constituição para Hérmias e recebido apoio deste para fundar uma Escola platônica em Assos, junto a Atarneu.

O fato incontestável é que nosso filósofo (Aristóteles) conheceu o rico Hérmias, durante três anos ensinou na Escola platônica de Assos, patrocinada por ele, e em 344 a.C. desposou Pítia.

Nessa Escola nosso filósofo conheceu Teofrasto, o qual se tornaria o maior de seus discípulos. Pertence a este período incipiente o primeiro trabalho filosófico de Aristóteles: *Da Filosofia*.

Após a invasão de Atarneu pelos persas e o assassinato de Hérmias, ocasião em que, segundo alguns autores, Aristóteles salvou a vida de Pítia providenciando sua fuga, dirigiu-se ele a Mitilene na ilha de Lesbos. Pouco tempo depois (em 343 ou 342 a.C.), aceitava a proposta de Filipe II para ser o preceptor de seu filho, Alexandre (então com treze anos) mudando-se para Pela. Na fase de Pela, o Estagirita escreveu duas obras que só sobreviveram fragmentariamente e em caráter transitório: *Da Monarquia* e *Da Colonização*. Nosso filósofo teria iniciado, também nesse período, a colossal *Constituições*, contendo a descrição e o estudo de 158 (ou, ao menos, 125) formas de governo em prática em toda a Grécia (desse alentadíssimo trabalho só restou para a posteridade a *Constituição de Atenas*).

Depois de haver subjugado várias cidades helênicas da costa do mar Egeu, e inclusive ter destruído Estagira (que ele próprio permitiria depois que fosse reconstruída por Aristóteles), Filipe II finalmente tomou Atenas e Tebas na célebre batalha de Queroneia, em 338 a.C.

Indiferente a esses fatos militares e políticos, o Estagirita prosseguiu como educador de Alexandre até a morte de Filipe e o início do reinado de Alexandre (335 a.C.). Retornou então a Atenas e fundou nesse mesmo ano sua Escola no Λύκειον (*Lýkeion* – Liceu), que era um ginásio localizado no nordeste de Atenas, junto ao templo de Apolo Lício, deus da luz, ou Λύκειος (*Lýkeios* – literalmente, *destruidor de lobos*).

O Liceu (já que o lugar emprestou seu nome à Escola de Aristóteles) situava-se em meio a um bosque (consagrado às Musas e a Apolo Lício) e era formado por um prédio, um jardim e uma alameda adequada ao passeio de pessoas que costumavam realizar uma *conversação caminhando* (περίπατος – *perípatos*), daí a filosofia aristotélica ser igualmente denominada filosofia *peripatética*, e sua Escola, Escola *peripatética*, referindo-se à tal alameda e especialmente ao hábito de o Estagirita e seus discípulos andarem por ali discutindo questões filosóficas.

A despeito de estar em Atenas, nosso filósofo permanecia informado das manobras político-militares de Alexandre por meio do chanceler macedônio e amigo, Antipater.

O período do Liceu (335-323 a.C.) foi, sem dúvida, o mais produtivo e fecundo na vida do filósofo de Estagira. Ele conjugava uma intensa atividade intelectual entre o ensino na Escola e a redação de suas obras. Durante a manhã, Aristóteles ministrava aulas restritas aos discípulos mais avançados, os chamados cursos *esotéricos* (ἐσωτερικοί) ou *acroamáticos* (ἀκροαματικοί), os quais versavam geralmente sobre temas mais complexos e profundos de lógica, matemática, física e metafísica. Nos períodos vespertino e noturno, Aristóteles dava cursos abertos, acessíveis ao grande público (*exotéricos* [ἐξωτερικοί]), via de regra de dialética e retórica. Teofrasto e Eudemo, seus principais discípulos, atuavam como assistentes e monitores, reforçando a explicação das lições aos discípulos e anotando-as para que posteriormente o mestre redigisse suas obras, com base nelas.

A distinção entre cursos esotéricos e exotéricos e a consequente separação dos discípulos não eram motivadas por qualquer diferença entre um ensino secreto místico, reservado apenas a *iniciados*, e um ensino meramente religioso, ministrado aos profanos, nos moldes, por exemplo, das instituições dos pitagóricos.

Essa distinção era puramente pragmática, no sentido de organizar os cursos por nível de dificuldade (didática) e, sobretudo, restringir os cursos exotéricos àquilo que despertava o interesse da grande maioria dos atenienses, a saber, a dialética e a retórica.

Nessa fase áurea do Liceu, nosso filósofo também montou uma biblioteca incomparável, constituída por centenas de manuscritos e mapas, e um museu, o qual era uma combinação de jardim botânico e jardim zoológico, com uma profusão de espécimes vegetais e animais oriundos de diversas partes do Império de Alexandre Magno.

Que se acresça, a propósito, que o *curriculum* para o aprendizado que Aristóteles fixou nessa época para o Liceu foi a base para o *curriculum* das Universidades europeias durante mais de dois mil anos, ou seja, até o século XIX.

A morte prematura de Alexandre em 323 a.C. trouxe à baila novamente, como trouxera em 338 a.C., na derrota de Queroneia, um forte ânimo patriótico em Atenas, encabeçado por Demóstenes (o mesmo grande orador que insistira tanto no passado recente sobre a ameaça de Filipe). Isso, naturalmente, gerou um acentuado e ardente sentimento antimacedônico. Como era de esperar, essa animosidade atingiu todos os cidadãos atenienses e metecos que entretinham, de um modo ou de outro, relações com os macedônios.

Nosso filósofo viu-se, então, em uma situação bastante delicada, pois, macedônio de nascimento, não apenas residira em Pela durante anos, cuidando da educação do futuro senhor do Império, como conservara uma correspondência regular com Antipater (braço direito de Alexandre), com quem estreitara um fervoroso vínculo de amizade. As constantes e generosas contribuições de Alexandre ao acervo do Liceu (biblioteca e museu) haviam passado a ser observadas com desconfiança, bem como a amizade "suspeita" do aristocrático e conservador filósofo, que nunca ocultara sua antipatia pela democracia ateniense e que, às vezes, era duro na sua crítica aos próprios atenienses, como quando teria dito que "os atenienses criaram o trigo e as leis, mas enquanto utilizam o primeiro, esquecem as segundas".

Se somarmos ainda a esse campo minado sob os pés do Estagirita o fato de o Liceu ser rivalizado pela nacionalista Academia de Espeusipo e a democrática Escola de retórica de Isócrates, não nos espantaremos ao constatar que muito depressa os cidadãos atenienses começaram a alimentar em seus corações a suspeita de que Aristóteles era um *traidor*.

Segundo Diógenes Laércio, Aristóteles teria sido mesmo acusado de impiedade (cometendo-a ao render culto a um mortal e o divinizando) pelo sumo sacerdote Eurimédon ou por Demófilo.

Antes que acontecesse o pior, o sisudo e imperturbável pensador optou pelo exílio voluntário e abandonou seu querido Liceu e Atenas em 322 ou 321 a.C., transferindo-se para Cálcis, na Eubeia, terra de sua mãe. No Liceu o sucederam Teofrasto, Estráton, Lícon de Troas, Dicearco, Aristóxeno e Aríston de Cós.

Teria dito que agia daquela maneira "para evitar que mais um crime fosse perpetrado contra a filosofia", referindo-se certamente a Sócrates.

Mas viveria pouquíssimo em Cálcis. Morreu no mesmo ano de 322 ou 321, aos sessenta e três anos, provavelmente vitimado por uma enfermidade gástrica de que sofria há muito tempo. Diógenes Laércio supõe, diferentemente, que Aristóteles teria se suicidado tomando cicuta, exatamente o que Sócrates tivera que ingerir, um mês após sua condenação à morte.

Aristóteles foi casado uma segunda vez (Pítia encontrara a morte pouco depois do assassinato de seu protetor, o tirano Hérmias) com Hérpile, uma jovem, como ele, de Estagira, e que lhe deu uma filha e o filho Nicômaco.

O testamenteiro de Aristóteles foi Antipater, e reproduzimos aqui seu testamento conforme Diógenes Laércio, que declara em sua obra *Vida, Doutrina e Sentenças dos Filósofos Ilustres* "(...) haver tido a sorte de lê-lo (...)":

Tudo sucederá para o melhor, mas na ocorrência de alguma fatalidade, são registradas aqui as seguintes disposições de vontade de Aristóteles. Antipater será para todos os efeitos meu testamenteiro. Até a maioridade de Nicanor, desejo que Aristomeno, Timarco, Hiparco, Dióteles e Teofrasto (se aceitar e estiver capacitado para esta responsabilidade) sejam os tutores e curadores de meus filhos, de Hérpile e de todos os meus bens. Uma vez alcance minha filha a idade necessária, que seja concedida como esposa a Nicanor. Se algum mal abater-se sobre ela – prazam os deuses que não – antes ou depois de seu casamento, antes de ter filhos, caberá a Nicanor deliberar sobre meu filho e sobre meus bens, conforme a ele pareça digno de si e de mim. Nicanor assumirá o cuidado de minha filha e de meu filho Nicômaco, zelando para que nada lhes falte, sendo para eles tal como um pai e um irmão. Caso venha a suceder algo antes a Nicanor – que seja afastado para distante o agouro – antes ou depois de ter casado com minha filha, antes de ter filhos, todas as suas deliberações serão executórias, e se, inclusive, for o desejo de Teofrasto viver com minha filha, que tudo seja como parecer melhor a Nicanor. Em caso contrário, os tutores decidirão com Antipater a respeito de minha filha e de meu filho, segundo o que lhes afigure mais apropriado. Deverão ainda os tutores e Nicanor considerar minhas relações com Hérpile (pois foi-me ela leal) e dela cuidar em todos os aspectos. Caso ela deseje um esposo, cuidarão para que seja concedida a um homem que não seja indigno de mim.

A ela deverão entregar, além daquilo que já lhe dei, um talento de prata retirado de minha herança, três escravas (se as quiser), a pequena escrava que já possuía e o pequeno Pirraio; e se desejar viver em Cálcis, a ela será dada a casa existente no jardim; se Estagira for de sua preferência, a ela caberá a casa de meus pais. De qualquer maneira, os tutores mobiliarão a casa do modo que lhes parecer mais próprio e satisfatório a Hérpile. A Nicanor também caberá a tarefa de fazer retornar digna-

mente à casa de seus pais o meu benjamim Myrmex, acompanhado de todos os dons que dele recebi. Que Ambracis seja libertada, dando-se-lhe por ocasião do casamento de minha filha quinhentas dracmas, bem como a menina que ela mantém como serva. A Tales dar-se-á, somando-se à menina que adquiriu, mil dracmas e uma pequena escrava. Para Simão, além do dinheiro que já lhe foi entregue para a compra de um escravo, deverá ser comprado um outro ou dar-lhe dinheiro. Tácon será libertado no dia da celebração do casamento de minha filha, e juntamente com ele Fílon, Olímpio e seu filho. Proíbo que quaisquer dos escravos que estavam a meu serviço sejam vendidos, mas que sejam empregados; serão conservados até atingirem idade suficiente para serem libertados como mostra de recompensa por seu merecimento. Cuidar-se-ão também das estátuas que encomendei a Grilion. Uma vez prontas, serão consagradas. Essas estátuas são aquelas de Nicanor, de Proxeno, que era desígnio fazer, e a da mãe de Nicanor. A de Arimnesto, cuja confecção já findou, será consagrada para o não desaparecimento de sua memória, visto que morreu sem filhos. A imagem de minha mãe será instalada no templo de Deméter, em Nemeia (sendo a esta deusa dedicada), ou em outro lugar que for preferido. De uma maneira ou de outra, as ossadas de Pítia, como era seu desejo, deverão ser depositadas no local em que meu túmulo for erigido. Enfim, Nicanor, se preservado entre vós (conforme o voto que realizei em seu nome), consagrará as estátuas de pedra de quatro côvados de altura a Zeus salvador e à Atena salvadora em Estagira.

ARISTÓTELES: SUA OBRA

A OBRA DE ARISTÓTELES FOI TÃO VASTA e diversificada que nos permite traçar uma pequena história a seu respeito.

Mas antes disso devemos mencionar algumas dificuldades ligadas à bibliografia do Estagirita, algumas partilhadas por ele com outras figuras célebres da Antiguidade e outras que lhe são peculiares.

A primeira barreira que nos separa do Aristóteles *integral*, por assim dizer, é o fato de muitos de seus escritos não terem chegado a nós ou – para nos situarmos no tempo – à aurora da Era Cristã e à Idade Média.

A quase totalidade dos trabalhos de outros autores antigos, como é notório, teve o mesmo destino, particularmente as obras dos filósofos pré-socráticos. A preservação de manuscritos geralmente únicos ao longo de séculos constituía uma dificuldade espinhosa por razões bastante compreensíveis e óbvias.

No que toca a Aristóteles, há obras que foram perdidas na sua íntegra; outras chegaram a nós parciais ou muito incompletas; de outras restaram apenas fragmentos; outras, ainda, embora estruturalmente íntegras, apresentam lacunas facilmente perceptíveis ou mutilações.

Seguramente, entre esses escritos perdidos, existem muitos cujos assuntos tratados nem sequer conhecemos. De outros, estamos cientes dos temas. Vários parecem definitivamente perdidos; a *Constituição de Atenas* foi descoberta no fim do século XIX; outros são atualmente objeto de busca.

Além do esforço despendido em tal busca, há um empenho no sentido de reconstituir certas obras com base nos fragmentos.

É quase certo que boa parte da perda irreparável da obra aristotélica tenha sido causada pelo incêndio da Biblioteca de Alexandria, em que foram consumidos tratados não só de pensadores da época de Aristóteles (presumivelmente de Epicuro, dos estoicos, dos céticos etc.), como também de pré-socráticos e de filósofos gregos dos séculos III e II a.C., como dos astrônomos Eratóstenes e Hiparco, que atuavam brilhante e devotadamente na própria Biblioteca. Mais tarde, no fim do século IV d.C., uma multidão de cristãos fanáticos invadiu e depredou a Biblioteca, ocorrendo mais uma vez a destruição de centenas de manuscritos. O coroamento da fúria dos ignorantes na sua intolerância religiosa contra o imenso saber helênico (paganismo) ocorreu em 415 d.C., quando a filósofa (astrônoma) Hipácia, destacada docente da Biblioteca, foi perseguida e lapidada por um grupo de cristãos, que depois arrastaram seu corpo mutilado pelas ruas de Alexandria.

Uma das obras consumidas no incêndio supracitado foi o estudo que Aristóteles empreendeu sobre, no mínimo, 125 governos gregos.

Juntam-se, tristemente, a esse monumental trabalho irremediavelmente perdido: uma tradução especial do poeta Homero que Aristóteles teria executado para seu pupilo Alexandre; um estudo sobre belicismo e direitos territoriais; um outro sobre as línguas dos povos bárbaros; e quase todas as obras *exotéricas* (poemas, epístolas, diálogos etc.).

Entre os achados tardios, deve-se mencionar a *Constituição de Atenas*, descoberta só muito recentemente, em 1880.

Quanto aos escritos incompletos, o exemplo mais conspícuo é a *Poética*, em cujo texto, de todas as artes poéticas que nosso filósofo se propõe a examinar, as únicas presentes são a tragédia e a poesia épica.

Outra dificuldade que afeta a obra de Aristóteles, esta inerente ao próprio filósofo, é a diferença de caráter e teor de seus escritos, os quais são classificados em *exotéricos* e *acroamáticos* (ou *esotéricos*), aos quais já nos referimos, mas que requerem aqui maior atenção.

Os exotéricos eram os escritos (geralmente sob forma de epístolas, diálogos e transcrições das palestras de Aristóteles com seus discípulos e principalmente das aulas públicas de retórica e dialética) cujo teor não era tão profundo, sendo acessíveis ao público em geral e versando sobretudo sobre retórica e dialética. Os acroamáticos ou esotéricos eram precisamente os escritos de conteúdo mais aprofundado, minucioso e complexo (mais propriamente filosóficos, versando sobre física, metafísica, ética, política etc.), e que, durante o período no qual predominou em Atenas uma disposição marcantemente antimacedônica, circulavam exclusivamente nas mãos dos discípulos e amigos do Estagirita.

Até meados do século I a.C., as obras conhecidas de Aristóteles eram somente as exotéricas. As acroamáticas ou esotéricas permaneceram pelo arco das existências do filósofo, de seus amigos e discípulos sob o rigoroso controle destes, destinadas apenas à leitura e estudo deles mesmos. Com a morte dos integrantes desse círculo aristotélico fechado, as obras acroamáticas (por certo o melhor do Estagirita) ficaram mofando em uma adega na casa de Corisco por quase trezentos anos.

O resultado inevitável disso, como se pode facilmente deduzir, é que por todo esse tempo julgou-se que o pensamento filosófico de Aristóteles era apenas o que estava contido nos escritos exotéricos, que não só foram redigidos no estilo de Platão (epístolas e diálogos), como primam por questionamentos tipicamente platônicos, além de muitos deles não passarem, a rigor, de textos rudimentares ou meros esboços, falhos tanto do ponto de vista formal e redacional quanto carentes de critério expositivo, dificilmente podendo ser considerados rigorosamente como *tratados* filosóficos.

Foi somente por volta do ano 50 a.C. que descobriram que na adega de Corisco não havia *unicamente* vinho.

Os escritos acroamáticos foram, então, transferidos para Atenas e, com a invasão dos romanos, nada apáticos em relação à cultura grega, enviados a Roma.

Nessa oportunidade, Andrônico de Rodes juntou os escritos acroamáticos aos exotéricos, e o mundo ocidental se deu conta do verdadeiro filão do pensamento aristotélico, reconhecendo sua originalidade e envergadura. O Estagirita, até então tido como um simples discípulo de Platão, assumiu sua merecida importância como grande pensador capaz de ombrear-se com o próprio mestre.

Andrônico de Rodes conferiu ao conjunto da obra aristotélica a organização que acatamos basicamente até hoje. Os escritos exotéricos, entretanto, agora ofuscados pelos acroamáticos, foram preteridos por estes, descurados e acabaram desaparecendo quase na sua totalidade.

A terceira dificuldade que nos furta o acesso à integridade da obra aristotélica é a existência dos *apócrifos* e dos *suspeitos*.

O próprio volume imenso da obra do Estagirita acena para a possibilidade da presença de colaboradores entre os seus discípulos mais chegados, especialmente Teofrasto. Há obras de estilo e terminologia perceptivelmente diferentes dos correntemente empregados por Aristóteles, entre elas a famosa *Problemas* (que trata dos temas mais diversos, inclusive a magia), a *Economia* (síntese da primeira parte da *Política*) e *Do Espírito*, sobre fisiologia e psicologia, e que não deve ser confundida com *Da Alma*, certamente de autoria exclusiva de Aristóteles.

O maior problema, contudo, ao qual foi submetida a obra aristotélica, encontra sua causa no tortuoso percurso linguístico e cultural de que ela foi objeto até atingir a Europa cristã.

Apesar do enorme interesse despertado pela descoberta dos textos acroamáticos ou esotéricos em meados do último século antes de Cristo, o mundo culto ocidental (então, a Europa) não demoraria a ser tomado pela fé cristã e a seguir pela cristianização oficial estabelecida pela Igreja, mesmo ainda sob o Império romano.

A cristianização do Império romano permitiu aos poderosos Padres da Igreja incluir a filosofia grega no contexto da manifestação pagã, convertendo o seu cultivo em prática herética. A filosofia aristotélica foi condenada e seu estudo posto na ilegalidade. Entretanto, com a divisão do Império romano em 385 d.C., o *corpus aristotelicum* composto por Andrônico de Rodes foi levado de Roma para Alexandria.

Foi no Império romano do Oriente (Império bizantino) que a obra de Aristóteles voltou a ser regularmente lida, apreciada e finalmente *traduzida*... para o árabe (língua semita que, como sabemos, não entretém qualquer afinidade com o grego) a partir do século X.

Portanto, o *primeiro* Aristóteles *traduzido* foi o dos grandes filósofos árabes, particularmente Avicena (*Ibn Sina*, morto em 1036) e Averróis (*Ibn Roschd*, falecido em 1198), ambos exegetas de Aristóteles, sendo o último considerado o mais importante dos *peripatéticos árabes* da Espanha, e *não* o da latinidade representada fundamentalmente por Santo Tomás de Aquino.

Mas, voltando no tempo, ainda no século III, os Padres da Igreja (homens de ferro, como Tertuliano, decididos a consolidar institucionalmente o cristianismo oficial a qualquer custo) concluíram que a filosofia helênica, em lugar de ser combatida, poderia revelar-se um poderoso instrumento para a legitimação e fortalecimento intelectual da doutrina cristã. Porém, de que filosofia grega dispunham em primeira mão? Somente do neoplatonismo e do estoicismo, doutrinas filosóficas gregas que, de fato, se mostravam conciliáveis com o cristianismo, especialmente o segundo, que experimentara uma séria continuidade romana graças a figuras como Sêneca, Epíteto e o imperador Marco Aurélio Antonino.

Sob os protestos dos representantes do neoplatonismo (Porfírio, Jâmblico, Proclo etc.), ocorreu uma apropriação do pensamento grego por parte da Igreja, situação delicadíssima para os últimos filósofos gregos, que, se por um lado podiam perder suas cabeças por sustentar a distinção e/ou oposição do pensamento grego ao cristianismo, por outro tinham de admitir o fato de muitos de seus próprios discípulos estarem se convertendo a ele, inclusive através de uma tentativa de compatibilizá-lo não só com Platão, como também com Aristóteles, de modo a torná-los "aceitáveis" para a Igreja.

Assim, aquilo que ousaremos chamar de *apropriação do pensamento filosófico grego* foi encetado inicialmente pelos próprios discípulos dos neoplatônicos, e se consubstanciou na conciliação do cristianismo (mais exatamente a teologia cristã que principiava a ser construída e estruturada naquela época) primeiramente com o platonismo, via neoplatonismo, e depois com o aristotelismo, não tendo sido disso pioneiros nem os grandes vultos da patrística (São Justino, Clemente de Alexandria, Orígenes e mesmo Santo Agostinho) relativamente a Platão, nem aqueles da escolástica (John Scot Erigene e Santo Tomás de Aquino) relativamente a Aristóteles.

A primeira consequência desse "remanejamento" filosófico foi nivelar Platão com Aristóteles. Afinal, não se tratava de estudar a fundo e exaustivamente os grandes sistemas filosóficos gregos – os pragmáticos Padres da Igreja viam o vigoroso pensamento helênico meramente como um precioso veículo a atender seu objetivo, ou seja, propiciar fundamento e conteúdo filosóficos à incipiente teologia cristã.

Os discípulos cristãos dos neoplatônicos não tiveram, todavia, acesso aos manuscritos originais do *corpus aristotelicum*.

Foi através da conquista militar da península ibérica e da região do Mar Mediterrâneo pelas tropas cristãs, inclusive durante as Cruzadas, que os cristãos voltaram a ter contato com as obras do Estagirita, precisamente por intermédio dos *infiéis*, ou seja, tiveram acesso às *traduções e paráfrases* árabes (e mesmo hebraicas) a que nos referimos anteriormente.

A partir do século XII começaram a surgir as primeiras traduções latinas (latim erudito) da obra de Aristóteles. Conclusão: o Aristóteles linguística e culturalmente original, durante séculos, jamais frequentou a Europa medieval.

Tanto Andrônico de Rodes, no século I a.C., ao estabelecer o *corpus aristotelicum*, quanto o neoplatônico Porfírio no século III ressaltaram nesse *corpus* o Ὄργανον (*Órganon* – série de tratados dedicados à lógica, ou melhor, à *Analítica*, no dizer de Aristóteles) e sustentaram a ampla divergência doutrinária entre os pensamentos de Platão e de Aristóteles. Os discípulos cristãos dos neoplatônicos, a partir da alvorada do século III, deram realce à lógica, à física e à retórica, e levaram a cabo a proeza certamente falaciosa de conciliar os dois maiores filósofos da Grécia. Quanto aos estoicos romanos, também prestigiaram a lógica aristotélica, mas deram destaque à ética, não nivelando Aristóteles com Platão, mas os aproximando.

O fato é que a Igreja obteve pleno êxito no seu intento, graças à inteligência e à sensibilidade agudas de homens como o bispo de Hipona, Aurélio Agostinho (Santo Agostinho – 354-430 d.C.) e o dominicano oriundo de Nápoles, Tomás de Aquino (Santo Tomás – 1224-1274), que se revelaram vigorosos e fecundos teólogos, superando o papel menor de meros intérpretes e *aproveitadores* das originalíssimas concepções gregas.

Quanto a Aristóteles, a Igreja foi muito mais além e transformou *il filosofo* (como Aquino o chamava) na suma e única autoridade do conhecimento, com o que, mais uma vez, utilizava o pensamento grego para alicerçar os dogmas da cristandade e, principalmente, respaldar e legitimar sua intensa atividade política oficial e extraoficial, caracterizada pelo autoritarismo e pela centralização do poder em toda a Europa.

Se, por um lado, o Estagirita sentir-se-ia certamente lisonjeado com tal posição, por outro, quem conhece seu pensamento sabe que também certamente questionaria o próprio *conceito* de autoridade exclusiva do conhecimento.

Com base na clássica ordenação do *corpus aristotelicum* de Andrônico de Rodes, pode-se classificar os escritos do Estagirita da maneira que se segue (note-se que esta relação não corresponde exatamente ao extenso elenco elaborado por Diógenes Laércio posteriormente no século III d.C. e que nela não se cogita a questão dos apócrifos e suspeitos).

1. Escritos sob a influência de Platão, mas já detendo caráter crítico em relação ao pensamento platônico:[*]

— *Poemas*;[*]

— *Eudemo* (diálogo cujo tema é a alma, abordando a imortalidade, a reminiscência e a imaterialidade);

— *Protrépticos*[*] (epístola na qual Aristóteles se ocupa de metafísica, ética, política e psicologia);

— *Da Monarquia*;[*]

— *Da Colonização*;[*]

— *Constituições*;[*]

— *Da Filosofia*[*] (diálogo constituído de três partes: a *primeira*, histórica, encerra uma síntese do pensamento filosófico desenvolvido até então, inclusive o pensamento egípcio; a *segunda* contém uma crítica à teoria das Ideias de Platão; e a *terceira* apresenta uma exposição das primeiras concepções aristotélicas, onde se destaca a concepção do *Primeiro Motor Imóvel*);

— *Metafísica*[*] (esboço e porção da futura Metafísica completa e definitiva);

— *Ética a Eudemo* (escrito parcialmente exotérico que, exceto pelos Livros IV, V e VI, será substituído pelo texto acroamático definitivo *Ética a Nicômaco*);

— *Política*[*] (esboço da futura *Política*, no qual já estão presentes a crítica à República de Platão e a teoria das três formas de governo originais e puras e as três derivadas e degeneradas);

— *Física*[*] (esboço e porção – Livros I e II – da futura *Física*; já constam aqui os conceitos de matéria, forma, potência, ato e a doutrina do movimento);

— *Do Céu* (nesta obra Aristóteles faz a crítica ao *Timeu* de Platão e estabelece os princípios de sua cosmologia com a doutrina dos cinco elementos e a doutrina da eternidade do mundo e sua finitude espacial; trata ainda do tema da geração e corrupção).

---

[*]. Os asteriscos indicam os escritos perdidos após o primeiro século da Era Cristã e quase todos exotéricos; das 125 (ou 158) *Constituições*, a de Atenas (inteiramente desconhecida de Andrônico de Rodes) foi descoberta somente em 1880.

2. Escritos da maturidade (principalmente desenvolvidos e redigidos no período do Liceu – 335 a 323 a.C.):

— A *Analítica* ou *Órganon*, como a chamaram os bizantinos por ser o Ὄργανον (instrumento, veículo, ferramenta e propedêutica) das ciências (trata da lógica – regras do pensamento correto e científico, sendo composto por seis tratados, a saber: Categorias, Da Interpretação, Analíticos Anteriores, Analíticos Posteriores, Tópicos e Refutações Sofísticas);

— *Física* (não contém um único tema, mas vários, entrelaçando e somando oito Livros de física, quatro de cosmologia [intitulados *Do Céu*], dois que tratam especificamente da geração e corrupção, quatro de meteorologia [intitulados *Dos Fenômenos ou Corpos Celestes*], Livros de zoologia [intitulados *Da Investigação sobre os Animais, Da Geração dos Animais, Da Marcha dos Animais, Do Movimento dos Animais, Das Partes dos Animais*] e três Livros de psicologia [intitulados *Da Alma*]);

— *Metafísica* (termo cunhado por Andrônico de Rodes por mero motivo organizatório, ou seja, ao examinar todo o conjunto da obra aristotélica, no século I a.C., notou que esse tratado se apresentava *depois* μετά [*metá*] do tratado da *Física*) (é a obra em que Aristóteles se devota à filosofia primeira ou filosofia teológica, quer dizer, à ciência que investiga as causas primeiras e universais do ser, *o ser enquanto ser*; o tratado é composto de quatorze Livros);

— *Ética a Nicômaco* (em dez Livros, trata dos principais aspectos da ciência da ação individual, a ética, tais como o bem, as virtudes, os vícios, as paixões, os desejos, a amizade, o prazer, a dor, a felicidade etc.);

— *Política* (em oito Livros, trata dos vários aspectos da ciência da ação do indivíduo como animal social (*político*): a família e a economia, as doutrinas políticas, os conceitos políticos, o caráter dos Estados e dos cidadãos, as formas de governo, as transformações e revoluções nos Estados, a educação do cidadão etc.);

— *Retórica*[*] (em três Livros);

— *Poética* (em um Livro, mas incompleta).

(*). Escrito exotérico, mas não perdido.

A relação que transcrevemos a seguir, de Diógenes Laércio (século III), é muito maior, e esse biógrafo, como o organizador do *corpus aristotelicum*, não se atém à questão dos escritos perdidos, recuperados, adulterados, mutilados, e muito menos ao problema dos apócrifos e suspeitos, que só vieram efetivamente à tona a partir do helenismo moderno. O critério classificatório de Diógenes é, também, um tanto diverso daquele de Andrônico, e ele faz o célebre introito elogioso a Aristóteles, a saber:

"Ele escreveu um vasto número de livros que julguei apropriado elencar, dada a excelência desse homem em todos os campos de investigação:

— *Da Justiça*, quatro Livros;
— *Dos Poetas*, três Livros;
— *Da Filosofia*, três Livros;
— *Do Político*, dois Livros;
— *Da Retórica* ou *Grylos*, um Livro;
— *Nerinto*, um Livro;
— *Sofista*, um Livro;
— *Menexeno*, um Livro;
— *Erótico*, um Livro;
— *Banquete*, um Livro;
— *Da Riqueza*, um Livro;
— *Protréptico*, um Livro;
— *Da Alma*, um Livro;
— *Da Prece*, um Livro;
— *Do Bom Nascimento*, um Livro;
— *Do Prazer*, um Livro;
— *Alexandre*, ou *Da Colonização*, um Livro;
— *Da Realeza*, um Livro;
— *Da Educação*, um Livro;
— *Do Bem*, três Livros;
— *Excertos de As Leis de Platão*, três Livros;
— *Excertos da República de Platão*, dois Livros;
— *Economia*, um Livro;

— *Da Amizade*, um Livro;
— *Do ser afetado ou ter sido afetado*, um Livro;
— *Das Ciências*, dois Livros;
— *Da Erística*, dois Livros;
— *Soluções Erísticas*, quatro Livros;
— *Cisões Sofísticas*, quatro Livros;
— *Dos Contrários*, um Livro;
— *Dos Gêneros e Espécies*, um Livro;
— *Das Propriedades*, um Livro;
— *Notas sobre os Argumentos*, três Livros;
— *Proposições sobre a Excelência*, três Livros;
— *Objeções*, um Livro;
— *Das coisas faladas de várias formas ou por acréscimo*, um Livro;
— *Dos Sentimentos* ou *Do Ódio*, um Livro;
— *Ética*, cinco Livros;
— *Dos Elementos*, três Livros;
— *Do Conhecimento*, um Livro;
— *Dos Princípios*, um Livro;
— *Divisões*, dezesseis Livros;
— *Divisão*, um Livro;
— *Da Questão e Resposta*, dois Livros;
— *Do Movimento*, dois Livros;
— *Proposições Erísticas*, quatro Livros;
— *Deduções*, um Livro;
— *Analíticos Anteriores*, nove Livros;
— *Analíticos Posteriores*, dois Livros;
— *Problemas*, um Livro;
— *Metódica*, oito Livros;
— *Do mais excelente*, um Livro;
— *Da Ideia*, um Livro;
— *Definições Anteriores aos Tópicos*, um Livro;
— *Tópicos*, sete Livros;

— *Deduções*, dois Livros;
— *Deduções e Definições*, um Livro;
— *Do Desejável e Dos Acidentes*, um Livro;
— *Pré-tópicos*, um Livro;
— *Tópicos voltados para Definições*, dois Livros;
— *Sensações*, um Livro;
— *Matemáticas*, um Livro;
— *Definições*, treze Livros;
— *Argumentos*, dois Livros;
— *Do Prazer*, um Livro;
— *Proposições*, um Livro;
— *Do Voluntário*, um Livro;
— *Do Nobre*, um Livro;
— *Teses Argumentativas*, vinte e cinco Livros;
— *Teses sobre o Amor*, quatro Livros;
— *Teses sobre a Amizade*, dois Livros;
— *Teses sobre a Alma*, um Livro;
— *Política*, dois Livros;
— *Palestras sobre Política* (como as de Teofrasto), oito Livros;
— *Dos Atos Justos*, dois Livros;
— *Coleção de Artes*, dois Livros
— *Arte da Retórica*, dois Livros;
— *Arte*, um Livro;
— *Arte* (uma outra obra), dois Livros;
— *Metódica*, um Livro;
— *Coleção da Arte de Teodectes*, um Livro;
— *Tratado sobre a Arte da Poesia*, dois Livros;
— *Entimemas Retóricos*, um Livro;
— *Da Magnitude*, um Livro;
— *Divisões de Entimemas*, um Livro;
— *Da Dicção*, dois Livros;
— *Dos Conselhos*, um Livro;

— *Coleção*, dois Livros;
— *Da Natureza*, três Livros;
— *Natureza*, um Livro;
— *Da Filosofia de Árquitas*, três Livros;
— *Da Filosofia de Espeusipo e Xenócrates*, um Livro;
— *Excertos do Timeu e dos Trabalhos de Árquitas*, um Livro;
— *Contra Melisso*, um Livro;
— *Contra Alcméon*, um Livro;
— *Contra os Pitagóricos*, um Livro;
— *Contra Górgias*, um Livro;
— *Contra Xenófanes*, um Livro;
— *Contra Zenão*, um Livro;
— *Dos Pitagóricos*, um Livro;
— *Dos Animais*, nove Livros;
— *Dissecações*, oito Livros;
— *Seleção de Dissecações*, um Livro;
— *Dos Animais Complexos*, um Livro;
— *Dos Animais Mitológicos*, um Livro;
— *Da Esterilidade*, um Livro;
— *Das Plantas*, dois Livros
— *Fisiognomonia*, um Livro;
— *Medicina*, dois Livros;
— *Das Unidades*, um Livro;
— *Sinais de Tempestade*, um Livro;
— *Astronomia*, um Livro;
— *Ótica*, um Livro;
— *Do Movimento*, um Livro;
— *Da Música*, um Livro;
— *Memória*, um Livro;
— *Problemas Homéricos*, seis Livros;
— *Poética*, um Livro;
— *Física* (por ordem alfabética), trinta e oito Livros;

— *Problemas Adicionais*, dois Livros;
— *Problemas Padrões*, dois Livros;
— *Mecânica*, um Livro;
— *Problemas de Demócrito*, dois Livros;
— *Do Magneto*, um Livro;
— *Conjunções dos Astros*, um Livro;
— *Miscelânea*, doze Livros;
— *Explicações* (ordenadas por assunto), catorze Livros;
— *Afirmações*, um Livro;
— *Vencedores Olímpicos*, um Livro;
— *Vencedores Pítios na Música*, um Livro;
— *Sobre Píton*, um Livro;
— *Listas dos Vencedores Pítios*, um Livro;
— *Vitórias em Dionísia*, um Livro;
— *Das Tragédias*, um Livro;
— *Didascálias*, um Livro;
— *Provérbios*, um Livro;
— *Regras para os Repastos em Comum*, um Livro;
— *Leis*, quatro Livros;
— *Categorias*, um Livro;
— *Da Interpretação*, um Livro;
— *Constituições de 158 Estados* (ordenadas por tipo: democráticas, oligárquicas, tirânicas, aristocráticas);
— *Cartas a Filipe*;
— *Cartas sobre os Selimbrianos*;
— *Cartas a Alexandre* (4), *a Antipater* (9), *a Mentor* (1), *a Aríston* (1), *a Olímpias* (1), *a Hefaístion* (1), *a Temistágoras* (1), *a Filoxeno* (1), *a Demócrito* (1);
— *Poemas*;
— *Elegias*.

Curiosamente, esse elenco gigantesco não é, decerto, exaustivo, pois, no mínimo, duas outras fontes da investigação bibliográfica de Aristóteles apontam títulos adicionais, inclusive alguns dos mais importantes da

lavra do Estagirita, como a *Metafísica* e a *Ética a Nicômaco*. Uma delas é a *Vita Menagiana*, cuja conclusão da análise acresce ao elenco anterior:
— *Peplos*;
— *Problemas Hesiódicos*, um Livro;
— *Metafísica*, dez Livros;
— *Ciclo dos Poetas*, três Livros;
— *Contestações Sofísticas ou Da Erística*;
— *Problemas dos Repastos Comuns*, três Livros;
— *Da Bênção, ou por que Homero inventou o gado do sol?*;
— *Problemas de Arquíloco, Eurípides, Quoirilos*, três Livros;
— *Problemas Poéticos*, um Livro;
— *Explicações Poéticas*;
— *Palestras sobre Física*, dezesseis Livros;
— *Da Geração e Corrupção*, dois Livros;
— *Meteorológica*, quatro Livros;
— *Da Alma*, três Livros;
— *Investigação sobre os Animais*, dez Livros;
— *Movimento dos Animais*, três Livros;
— *Partes dos Animais*, três Livros;
— *Geração dos Animais*, três Livros;
— *Da Elevação do Nilo*;
— *Da Substância nas Matemáticas*;
— *Da Reputação*;
— *Da Voz*;
— *Da Vida em Comum de Marido e Mulher*;
— *Leis para o Esposo e a Esposa*;
— *Do Tempo*;
— *Da Visão*, dois Livros;
— *Ética a Nicômaco*;
— *A Arte da Eulogia*;
— *Das Coisas Maravilhosas Ouvidas*;
— *Da Diferença*;
— *Da Natureza Humana*;

— *Da Geração do Mundo*;
— *Costumes dos Romanos*;
— *Coleção de Costumes Estrangeiros*.

A *Vida de Ptolomeu*, por sua vez, junta os títulos a seguir:
— *Das Linhas Indivisíveis*, três Livros;
— *Do Espírito*, três Livros;
— *Da Hibernação*, um Livro;
— *Magna Moralia*, dois Livros;
— *Dos Céus e do Universo*, quatro Livros;
— *Dos Sentidos e Sensibilidade*, um Livro;
— *Da Memória e Sono*, um Livro;
— *Da Longevidade e Efemeridade da Vida*, um Livro;
— *Problemas da Matéria*, um Livro;
— *Divisões Platônicas*, seis Livros;
— *Divisões de Hipóteses*, seis Livros;
— *Preceitos*, quatro Livros;
— *Do Regime*, um Livro;
— *Da Agricultura*, quinze Livros;
— *Da Umidade*, um Livro;
— *Da Secura*, um Livro;
— *Dos Parentes*, um Livro.

A contemplar essa imensa produção intelectual (a maior parte da qual irreversivelmente desaparecida ou destruída), impossível encarar a questão central dos apócrifos e dos suspeitos como polêmica. Trata-se, apenas, de um fato cultural em que possam se debruçar especialistas e eruditos. Nem se o gênio de Estagira dispusesse dos atuais recursos de preparação e produção editoriais (digitação eletrônica, impressão a *laser*, *scanners* etc.) e não meramente de redatores e copiadores de manuscritos, poderia produzir isolada e individualmente uma obra dessa extensão e magnitude, além do que, que se frise, nos muitos apócrifos indiscutíveis, o pensamento filosófico ali contido *persiste* sendo do intelecto brilhante de um só homem: Aristóteles; ou seja, se a forma e a redação não são de Aristóteles, o conteúdo certamente é.

A relação final a ser apresentada é do que dispomos hoje de Aristóteles, considerando-se as melhores edições das obras completas do Estagirita, baseadas nos mais recentes estudos e pesquisas dos maiores helenistas dos séculos XIX e XX. À exceção da *Constituição de Atenas*, descoberta em 1880 e dos *Fragmentos*, garimpados e editados em inglês por W. D. Ross em 1954, essa relação corresponde *verbatim* àquela da edição de Immanuel Bekker (que permanece padrão e referencial), surgida em Berlim em 1831. É de se enfatizar que este elenco, graças ao empenho de Bekker (certamente o maior erudito aristotelista de todos os tempos) encerra também uma ordem provável, ou ao menos presumível, do desenvolvimento da reflexão peripatética ou, pelos menos, da redação das obras (insinuando uma certa continuidade), o que sugere um excelente guia e critério de estudo para aqueles que desejam ler e se aprofundar na totalidade da obra aristotélica, mesmo porque a interconexão e progressão das disciplinas filosóficas (exemplo: *economia – ética – política*) constituem parte indubitável da técnica expositiva de Aristóteles. Disso ficam fora, obviamente, a *Constituição de Atenas* e os *Fragmentos*. Observe-se, contudo, que a ordem abaixo não corresponde exatamente à ordem numérica progressiva do conjunto das obras.

Eis a relação:

— *Categorias* (ΚΑΤΗΓΟΡΙΑΙ);

— *Da Interpretação* (ΠΕΡΙ ΕΡΜΗΝΕΙΑΣ);

— *Analíticos Anteriores* (ΑΝΑΛΥΤΙΚΩΝ ΠΡΟΤΕΡΩΝ);

— *Analíticos Posteriores* (ΑΝΑΛΥΤΙΚΩΝ ΥΣΤΕΡΩΝ);

— *Tópicos* (ΤΟΠΙΚΑ);

— *Refutações Sofísticas* (ΠΕΡΙ ΣΟΦΙΣΤΙΚΩΝ ΕΛΕΓΧΩΝ);

>   Obs.: o conjunto desses seis primeiros tratados é conhecido como *Órganon* (ΟΡΓΑΝΟΝ).

— *Da Geração e Corrupção* (ΠΕΡΙ ΓΕΝΕΣΕΩΣ ΚΑΙ ΦΘΟΡΑΣ);

— *Do Universo* (ΠΕΡΙ ΚΟΣΜΟΥ);[*]

— *Física* (ΦΥΣΙΚΗ);

— *Do Céu* (ΠΕΡΙ ΟΥΡΑΝΟΥ);

— *Meteorologia* (ΜΕΤΕΩΡΟΛΟΓΙΚΩΝ);

(*). Suspeito.

— *Da Alma* (ΠΕΡΙ ΨΥΧΗΣ);
— *Do Sentido e dos Sensíveis* (ΠΕΡΙ ΑΙΣΘΗΣΕΩΣ ΚΑΙ ΑΙΣΘΗΤΩΝ);
— *Da Memória e da Revocação* (ΠΕΡΙ ΜΝΗΜΗΣ ΚΑΙ ΑΝΑΜΝΗΣΕΩΣ);
— *Do Sono e da Vigília* (ΠΕΡΙ ΥΠΝΟΥ ΚΑΙ ΕΓΡΗΓΟΡΣΕΩΣ);
— *Dos Sonhos* (ΠΕΡΙ ΕΝΥΠΝΙΩΝ);
— *Da Divinação no Sono* (ΠΕΡΙ ΤΗΣ ΚΑΘ´ΥΠΝΟΝ ΜΑΝΤΙΚΗΣ);
— *Da Longevidade e da Efemeridade da Vida* (ΠΕΡΙ ΜΑΚΡΟΒΙΟΤΗΤΟΣ ΚΑΙ ΒΡΑΧΥΒΙΟΤΗΤΟΣ);
— *Da Juventude e da Velhice. Da Vida e da Morte* (ΠΕΡΙ ΝΕΟΤΗΤΟΣ ΚΑΙ ΓΗΡΩΣ. ΠΕΡΙ ΖΩΗΣ ΚΑΙ ΘΑΝΑΤΟΥ);
— *Da Respiração* (ΠΕΡΙ ΑΝΑΠΝΟΗΣ);

Obs.: o conjunto dos oito últimos pequenos tratados é conhecido pelo título latino *Parva Naturalia*.

— *Do Alento* (ΠΕΡΙ ΠΝΕΥΜΑΤΟΣ);[*]
— *Da Investigação sobre os Animais* (ΠΕΡΙ ΤΑ ΖΩΑ ΙΣΤΟΡΙΑΙ);
— *Das Partes dos Animais* (ΠΕΡΙ ΖΩΩΝ ΜΟΡΙΩΝ);
— *Do Movimento dos Animais* (ΠΕΡΙ ΖΩΩΝ ΚΙΝΗΣΕΩΣ);
— *Da Marcha dos Animais* (ΠΕΡΙ ΠΟΡΕΙΑΣ ΖΩΩΝ);
— *Da Geração dos Animais* (ΠΕΡΙ ΖΩΩΝ ΓΕΝΕΣΕΩΣ);
— *Das Cores* (ΠΕΡΙ ΧΡΩΜΑΤΩΝ);[*]
— *Das Coisas Ouvidas* (ΠΕΡΙ ΑΚΟΥΣΤΩΝ);[*]
— *Fisiognomonia* (ΦΥΣΙΟΓΝΩΜΟΝΙΚΑ);[*]
— *Das Plantas* (ΠΕΡΙ ΦΥΤΩΝ);[*]
— *Das Maravilhosas Coisas Ouvidas* (ΠΕΡΙ ΘΑΥΜΑΣΙΩΝ ΑΚΟΥΣΜΑΤΩΝ);[*]
— *Mecânica* (ΜΗΧΑΝΙΚΑ);[*]
— *Das Linhas Indivisíveis* (ΠΕΡΙ ΑΤΟΜΩΝ ΓΡΑΜΜΩΝ);[*]
— *Situações e Nomes dos Ventos* (ΑΝΕΜΩΝ ΘΕΣΕΙΣ ΚΑΙ ΠΡΟΣΗΓΟΡΙΑΙ);[*]

(*). Suspeito.

— *Sobre Melisso, sobre Xenófanes e sobre Górgias* (ΠΕΡΙ ΜΕΛΙΣΣΟΥ, ΠΕΡΙ ΞΕΝΟΦΑΝΟΥΣ, ΠΕΡΙ ΓΟΡΓΙΟΥ);[*]
— *Problemas* (ΠΡΟΒΛΗΜΑΤΑ);[**]
— *Retórica a Alexandre* (ΡΗΤΟΡΙΚΗ ΠΡΟΣ ΑΛΕΞΑΝΔΡΟΝ);[*]
— *Metafísica* (ΤΑ ΜΕΤΑ ΤΑ ΦΥΣΙΚΑ);
— *Economia* (ΟΙΚΟΝΟΜΙΚΑ);[**]
— *Magna Moralia* (ΗΘΙΚΑ ΜΕΓΑΛΑ);[**]
— *Ética a Nicômaco* (ΗΘΙΚΑ ΝΙΚΟΜΑΧΕΙΑ);
— *Ética a Eudemo* (ΗΘΙΚΑ ΕΥΔΗΜΕΙΑ);
— *Das Virtudes e dos Vícios* (ΠΕΡΙ ΑΡΕΤΩΝ ΚΑΙ ΚΑΚΙΩΝ);[*]
— *Política* (ΠΟΛΙΤΙΚΑ);
— *Retórica* (ΤΕΧΝΗ ΡΗΤΟΡΙΚΗ);
— *Poética* (ΠΕΡΙ ΠΟΙΗΤΙΚΗΣ);
— *Constituição de Atenas* (ΑΘΗΝΑΙΩΝ ΠΟΛΙΤΕΙΑ);[***]
— *Fragmentos*.[****]

(*). Suspeito.
(**). Apócrifo.
(***). Ausente na edição de 1831 de Bekker e sem sua numeração, já que este tratado só foi descoberto em 1880.
(****). Ausente na edição de 1831 de Bekker e sem sua numeração, uma vez que foi editado em inglês somente em 1954 por W. D. Ross.

CRONOLOGIA

As datas (a.C.) aqui relacionadas são, em sua maioria, aproximadas, e os eventos indicados contemplam apenas os aspectos filosófico, político e militar.

481 – Criada a confederação das cidades-Estado gregas comandada por Esparta para combater o inimigo comum: os persas.

480 – Os gregos são fragorosamente derrotados pelos persas nas Termópilas (o último reduto de resistência chefiado por Leônidas de Esparta e seus *trezentos* é aniquilado); a acrópole é destruída; no mesmo ano, derrota dos persas em Salamina pela esquadra chefiada pelo ateniense Temístocles.

479 – Fim da guerra contra os persas, com a vitória dos gregos nas batalhas de Plateia e Micale.

478-477 – A Grécia é novamente ameaçada pelos persas; formação da *Liga Délia*, dessa vez comandada pelos atenienses.

469 – Nascimento de Sócrates em Atenas.

468 – Os gregos derrotam os persas no mar.

462 – Chegada de Anaxágoras de Clazômenas a Atenas.

462-461 – Promoção do governo democrático em Atenas.

457 – Atenas conquista a Beócia.

456 – Conclusão da construção do templo de Zeus em Olímpia.

447 – O Partenon começa a ser construído.

444 – Protágoras de Abdera redige uma legislação para a nova colônia de Túrio.
431 – Irrompe a Guerra do Peloponeso entre Atenas e Esparta.
429 – Morte de Péricles.
427 – Nascimento de Platão em Atenas.
421 – Celebrada a paz entre Esparta e Atenas.
419 – Reinício das hostilidades entre Esparta e Atenas.
418 – Derrota dos atenienses na batalha de Mantineia.
413 – Nova derrota dos atenienses na batalha de Siracusa.
405 – Os atenienses são mais uma vez derrotados pelos espartanos na Trácia.
404 – Atenas se rende a Esparta.
399 – Morte de Sócrates.
385 – Fundação da Academia de Platão em Atenas.
384 – Nascimento de Aristóteles em Estagira.
382 – Esparta toma a cidadela de Tebas.
378 – Celebradas a paz e a aliança entre Esparta e Tebas.
367 – Chegada de Aristóteles a Atenas.
359 – Ascensão ao trono da Macedônia de Filipe II e começo de suas guerras de conquista e expansão.
347 – Morte de Platão.
343 – Aristóteles se transfere para a Macedônia a assume a educação de Alexandre.
338 – Filipe II derrota os atenienses e seus aliados na batalha de Queroneia, e a conquista da Grécia é concretizada.
336 – Morte de Filipe II e ascensão de Alexandre ao trono da Macedônia.
335 – Fundação do Liceu em Atenas.
334 – Alexandre derrota os persas na Batalha de Granico.
331 – Nova vitória de Alexandre contra os persas em Arbela.
330 – Os persas são duramente castigados por Alexandre em Persépolis, encerrando-se a expedição contra os mesmos.
323 – Morte de Alexandre.
322 – Transferência de Aristóteles para Cálcis, na Eubeia; morte de Aristóteles.

Constituição
DE ATENAS

1

...[FORAM JULGADOS,¹ a acusação tendo sido feita] por Míron [por um júri] que prestou juramento num santuário, júri formado com base na seleção entre nobres. O veredicto, corroborando a acusação, foi o de culpados, sendo os corpos deles removidos de seus túmulos e sua família condenada ao banimento perpétuo. Logo depois Epimênides de Creta purificou a cidade.

2

POSTERIORMENTE OCORREU por um longo período um conflito faccioso entre os notáveis e a multidão. De fato, a Constituição² era oligárquica³ em todos os aspectos, os pobres, bem como suas esposas e filhos, sendo

---

1. O manuscrito começa abruptamente numa sentença sem sujeito. Mas Aristóteles se refere aos *alcmeônidas* (literalmente descendentes de Alcméon), membros de uma família nobre de Atenas.
2. ...πολιτεία... (*politeía*), termo de amplo espectro semântico e um dos conceitos principais da ciência política. Embora conservemos o termo *Constituição*, a referência é à forma de governo de um Estado e não ao conjunto de leis maiores que o regem, que é o conceito moderno de Constituição. *Politeía* também pode significar especificamente governo ou Constituição republicana ou Constituição democrática, que não são os sentidos contemplados aqui. Os demais sentidos da palavra também não se aplicam aqui.
3. Forma de governo em que uns poucos governam o Estado.

escravos dos ricos. Eram chamados de πελάται[4] (*pelátai*) e ἑκτήμορος[5] (*hektémoros*), pois esse era o aluguel que pagavam aos ricos para cultivarem as terras desses últimos (o país inteiro estava em poder de poucas pessoas) e se deixassem de efetuar o pagamento de seus aluguéis, ficavam sujeitos – eles e seus filhos – à prisão.[6] E até a época de Sólon,[7] todos os empréstimos tinham como fiança a própria pessoa do devedor. Sólon surgiu como o primeiro líder do povo. Assim, o que havia de mais difícil e mais amargo no tocante às coisas públicas para a massa era o seu estado de escravidão. Na verdade, estava descontente com relação a tudo o mais, pois realmente não partilhava de coisa alguma.

3

ANTES DE DRÁCON,[8] a antiga Constituição existente era como se segue. Os cargos públicos mais importantes do Estado cabiam aos nobres e ricos; seus mandatos no começo eram vitalícios, para depois passarem a ser de dez anos. Os mais importantes e mais antigos dos cargos eram os de rei,[9] senhor da guerra[10] e arconte.[11] Desses cargos o de rei era o mais antigo, já existia por ancestralidade. A esse foi acrescido, como segundo, o de senhor da guerra, pelo fato de que alguns reis haviam se mostrado destituídos

---

4. *Pelátai*, palavra a rigor intradutível. Πελάτης (*Pelátes*) é *aquele que se avizinha*, mas o sentido aqui é restrito e específico, correspondente ao *cliens* latino, que era o plebeu romano que se mantinha sob o patronato de um patrício.
5. *Ektemoroi* significa *sextas partes*, pois eram arrendatários da sexta parte no cultivo das terras dos ricos.
6. Em Atenas, até as reformas de Sólon, não só à prisão, como a serem empregados como escravos ou vendidos como tais.
7. Sólon de Atenas (639?-559 a.C.), poeta, legislador e político.
8. As leis de Drácon de Atenas foram promulgadas por volta de 620 a.C.
9. ...βασιλεύς... (*basileús*).
10. ...πολέμαρχος... (*polémarkhos*).
11. ...ἀρχῶν... (*arkhôn*).

de vigor, firmeza e coragem na guerra – que fora a razão dos atenienses terem convocado Ion[12] para ocupar esse posto numa emergência, a fim de socorrê-los. O último desses cargos a ser estabelecido foi o do arconte, que, segundo a maioria das autoridades, passou a existir no tempo de Médon,[13] embora alguns o façam remontar a Acasto,[14] apresentando como prova disso o fato de que os nove arcontes juram que cumprirão seus juramentos como no tempo de Acasto, sugerindo que no tempo dele a casa de Codro[15] afastou-se da realeza em troca dos privilégios concedidos ao arconte. Que tenha sido de uma forma ou de outra, pouca diferença há no que tange às datas; mas que foi o último desses cargos a ser estabelecido é também indicado pelo fato de que o arconte não administra nenhum dos ritos relativos aos ancestrais, como o fazem o rei e o senhor da guerra, mas simplesmente os deveres que surgiram posteriormente; foi em função disso, inclusive, que o cargo de arconte só adquiriu grande importância recentemente, ao ganhar maior expressão devido a esse aumento de encargos. Só muitos anos depois foram eleitos legisladores – quando as eleições aos cargos eram então anuais –, com a função de registrar publicamente as deliberações legais e preservar sua integridade para o caso de julgamento de litígios. Em consonância com isso, exclusivamente esse cargo entre os mais importantes jamais se sustentava por mais de um ano. Eis aí a cronologia relativa ao estabelecimento desses vários cargos mais importantes. Os nove arcontes não ficavam todos juntos, embora o rei contasse com o que é chamado atualmente de Bucólio,[16] próximo ao Pritaneu[17] (o que é atestado pelo fato de mesmo atualmente o casamento da esposa do rei com

---

12. Ion não é uma figura propriamente histórica. Na verdade na história das origens da antiga Hélade e dela mesma mito e história se mesclam e se alternam. Ion é um semideus filho do deus Apolo e da mortal Creusa. Como Heleno deu aos gregos e à Grécia os seus nomes (helenos e Hélade), Ion deu aos atenienses o nome de *jônicos*.
13. Filho de Codro e magistrado vitalício.
14. Filho de Médon.
15. Rei de Atenas que, segundo a mitologia, teria vivido no século XI a.C.
16. ...Βουκόλιον... (*Boukólion*): desconhecemos ao que Aristóteles se refere.
17. ...πρυτανείου... (*prytaneíou*), edifício público (em Atenas, como também nas outras cidades gregas) destinado a abrigar e alimentar tanto aqueles que recebiam pensão do Estado quanto os hóspedes públicos. No Pritaneu era também mantido o fogo sagrado.

Dionísio[18] aí ocorrer), enquanto o arconte dispunha do Pritaneu e o senhor da guerra, do Epiliceu (que se costumava chamar antes de casa do senhor da guerra, mas que passou a ser chamado de Epiliceu porque Epilico, quando se tornou senhor da guerra, reconstruiu-o e equipou-o); os legisladores tinham seu lugar de reunião,[19] para o qual foram todos no tempo de Sólon. Possuíam então o poder, nos processos judiciais, de dar a sentença final, diferentemente de agora, que se limitam a realizar uma audiência preliminar. Tal era a organização dos cargos mais importantes. O Conselho do Areópago[20] tinha como função oficial a proteção das leis, mas na realidade administrava o maior número dos negócios do Estado e os mais importantes deles, infligindo sumariamente punições e multas aos que transgrediam a ordem pública. Se os arcontes eram escolhidos entre os nobres e os ricos, os membros do Areópago eram nomeados entre os que haviam sido arcontes, o que fez com que, de todos os cargos, só esse se conservasse até hoje vitalício. Eis aí o esboço da primeira forma de Constituição.

4

DECORRIDO UM TEMPO RAZOÁVEL após isso, durante o arcontado de Aristaecmo, Drácon promulgou suas leis,[21] e seu sistema era como explicamos a seguir. Aos capazes de se equiparem militarmente a cidadania já fora concedida e eles foram eleitos como os nove arcontes e os tesoureiros; esses homens possuíam propriedades não oneradas que valiam não menos do que dez minas;[22] os cargos secundários foram preenchidos por

---

18. Ritual em que o deus Dionísio (Baco) era recebido como um ateniense. A senhora que personificava sua consorte passava a noite em seu templo.
19. ...θεσμοθετεῖον... (*thesmotheteîon*).
20. Esse tribunal tinha sede em Atenas na colina de Ares (Ἄρειος πάγος [*Áreios págos*]) e embora destinado a uma única função oficial, acumulou na prática muitos poderes, em torno de seu papel de corte para crimes de homicídio.
21. Drácon era um dos legisladores.
22. Cada mina correspondia a 100 dracmas.

aqueles capazes de se equiparem militarmente, ao passo que foram eleitos como generais e comandantes de cavalaria pessoas que podiam comprovar a posse de propriedades não oneradas de valor não inferior a cem minas e pais de filhos legítimos, nascidos de casamento, com mais de dez anos de idade. Esses funcionários do Estado tinham que ser fiadores dos prítanes,[23] dos generais e dos comandantes de cavalaria que encerravam seus mandatos, até ser feita a auditoria de suas contas, tomando quatro garantias da mesma classe a que pertenciam os generais e os comandantes de cavalaria. E o Conselho era formado de 401 membros escolhidos por sorteio entre aqueles que possuíam cidadania; para esses cargos e para os outros era realizado o sorteio entre os que tinham mais de trinta anos; e ninguém podia cumprir dois mandatos enquanto todos não houvessem cumprido cada um o seu, depois disso um novo sorteio deveria ser realizado. E se qualquer um dos conselheiros deixasse de comparecer a uma sessão do Conselho ou da Assembleia, pagava uma multa no valor de três dracmas se pertencente à classe mais elevada dos cidadãos,[24] dois dracmas se fosse um cavaleiro e uma dracma se pertencente à terceira classe.[25] O Conselho do Areópago era o guardião das leis, e mantinha a vigilância sobre os magistrados para que realizassem sua administração em conformidade com as leis. Qualquer pessoa que se considerasse tratada injustamente podia apresentar uma queixa ao Conselho do Areópago, indicando a lei cuja violação a levara a ser injustiçada. Como já dissemos, nos empréstimos a garantia era a pessoa do devedor, e a terra estava dividida entre poucos proprietários.

---

23. ...πρυτάνεις... (*prytáneis*), embora essa palavra venha a designar em Atenas especificamente os delegados, selecionados anualmente por cada tribo (φυλή [*phylé*]), que eram dez, para a formação do Conselho dos Quinhentos (βουλή [*boulé*]), é provável que Aristóteles a use aqui apenas no seu sentido amplo de magistrado supremo, ou melhor, arconte, já que está se referindo a um período anterior ao de Sólon.
24. ...πεντακοσιομέδιμνος... (*pentakosiomédimnos*), cidadãos que tinham uma renda de 500 medimnos de cereais.
25. ...ζευγίτης... (*zeugítes*), cidadãos que possuíam uma canga de bois.

5

SENDO ESSE O SISTEMA de acordo com a Constituição, e os muitos escravizados pelos poucos, houve uma insurreição do povo contra os notáveis.[26] Instalou-se uma luta de facções[27] violenta em que durante muito tempo as facções permaneceram em hostilidade mútua até, de comum acordo, procurarem Sólon, para que este atuasse como árbitro e arconte, e a ele confiaram todo o governo, tendo Sólon composto a elegia que começa assim:

...Distingo, e meu peito transborda de dor ao contemplar,
A terra mais antiga da Jônia sendo destruída...

...onde ele luta no interesse de cada partido em sua mútua oposição, atua como mediador, e em seguida os exorta conjuntamente a pôr fim à disputa que se impunha entre eles. Do ponto de vista do nascimento e da reputação, Sólon pertencia à primeira das classes, mas daquele das posses e da posição, pertencia à classe média, como é admitido por outras autoridades, e como ele próprio testemunha nesses poemas, nos quais ele exorta os ricos a não serem ávidos:

...Em vossos corações refreai a disposição obstinada,
Mergulhados na saciedade de bens copiosos,
E moderai vosso orgulho! Nem sempre nos submeteremos,
E nem vós mesmos tereis o que tendes agora sem ser diminuído...

E ele sempre atribui a causa da guerra civil inteiramente aos ricos. É por isso que no início da elegia declara temer:

...tanto o amor ao dinheiro quanto a jactância...

...sugerindo ser esses os causadores da inimizade que se estabelecera.

---

26. ...γνωρίμοις... (*gnorímois*), literalmente os *conhecidos por todos*, em contraposição à população em geral (δῆμος [*dêmos*]), não tendo aqui *demos* o sentido que irá incorporar com o advento da **demo**cracia nos Estados gregos, especialmente em Atenas. O levante foi da classe desfavorecida (quantitativamente muito maior) contra os poucos grandes proprietários de terras.

27. ...στάσεως... (*stáseos*), ou seja, guerra civil.

6

DETENDO PLENOS PODERES, Sólon libertou o povo de uma vez por todas proibindo todos os empréstimos feitos com a garantia da pessoa do devedor; além disso, promulgou leis e decretou o cancelamento de dívidas, quer privadas quer públicas, medidas que são chamadas de Livramento dos Fardos,[28] visto que graças a elas as pessoas se livraram de seu fardo. No que diz respeito a essas medidas alguns indivíduos tentam caluniá-lo, porquanto quando Sólon estava prestes a promulgar o Livramento dos Fardos, comunicou de antemão o que tencionava fazer a alguns dos notáveis; depois disso, segundo afirmam os membros do partido do povo, ele foi vítima de uma manobra de seus amigos, enquanto os que desejam atacar seu caráter, afirmam que ele também participou de uma fraude. Essas pessoas tomaram dinheiro emprestado e compraram uma grande quantidade de terras. Ora, logo depois, com o cancelamento das dívidas, tornaram-se homens ricos. Dizem residir nisso a origem das famílias que passaram posteriormente a ser tidas como possuidoras de uma riqueza ligada aos ancestrais. Entretanto, a explicação dos membros do partido do povo merece maior credibilidade, uma vez que não parece provável que um homem tão moderado e voltado para o interesse público no que respeitava a todas as suas demais ações – que, quando teve a oportunidade de submeter um dos partidos, convertendo-se no tirano do Estado, preferiu atrair para si a hostilidade de ambos, e que deu maior apreço à honra e à segurança do Estado do que ao engrandecimento pessoal – fosse macular suas mãos com uma ação tão tacanha e indigna. É testemunho de que teve essa oportunidade a condição desordenada dos assuntos do país, além do que ele próprio se refere a isso reiteradamente em seus poemas, todos concordando com ele. Assim, somos levados a considerar tal acusação como falsa.

---

28. ...σεισάχθειαν... (*seisákhtheian*).

7

ELE ESTABELECEU UMA CONSTITUIÇÃO e promulgou novas leis, aquelas de Drácon deixando de ser observadas, exceto as relativas ao homicídio. As leis foram inscritas nos *curbis*[29] que foram instalados no pórtico do rei, todos jurando acatá-las; os nove arcontes costumavam jurar junto à *pedra*[30] que fariam a dedicação de uma estátua de ouro de um homem se violassem qualquer uma das leis, o que explica a origem do juramento nesse sentido que prestam até hoje. E ele[31] determinou que as leis não fossem alteradas durante cem anos. E organizou o conjunto dos cidadãos da seguinte maneira: com base na estimativa de renda, dividiu a população em quatro classes, como já fora dividida antes, a saber, a classe mais elevada, a dos cavaleiros, terceira classe[32] e a quarta, isto é, a dos cidadãos pobres;[33] os vários cargos mais importantes (magistraturas), nomeadamente aqueles dos nove arcontes, dos tesoureiros, dos comissários de contratos públicos, dos Onze[34] e dos recebedores,[35] foram distribuídos entre a classe mais elevada, a dos cavaleiros e a terceira classe, proporcionalmente ao valor da renda. A classe pobre dos assalariados não participava dessas magistraturas, mas somente tinha lugar na Assembleia[36] e nas cortes de justiça. Para ocupar a posição de um membro da classe mais elevada um homem tinha que produzir, extraindo de sua própria terra, 500 medidas,

---

29. ...κύρβεις... (*kýrbeis*) eram estruturas piramidais (de três lados), feitas provavelmente de madeira (é possível que tenham sido também de pedra) que giravam em torno de um eixo.
30. ...λίθῳ... (*líthoi*): não sabemos a rigor a que *pedra* Aristóteles se refere: provavelmente alude ao altar a Zeus situado na ágora.
31. Isto é, Sólon.
32. Ver final do capítulo 4.
33. ...θῆτα... (*thêta*), trabalhador ou servo assalariado.
34. ...ἕνδεκα... (*héndeka*), os onze magistrados que em Atenas tinham como encargos o policiamento da cidade, a fiscalização dos cárceres e a administração das execuções penais.
35. ...κωλακρέτας... (*kolakrétas*), magistrados encarregados da coleta das despesas judiciais e aplicação do dinheiro resultante no serviço do culto.
36. ...ἐκκλεσίας... (*ekklesías*), a assembleia popular de Atenas.

aí somadas secas e líquidas;[37] a de cavaleiro[38] exigia que alguém produzisse 300 medidas, ou como dizem alguns, aquele que fosse capaz de manter um *cavalo*, e aduziam o nome da classe que se supôs originar-se desse fato, e também algumas oferendas votivas dos antigos; de fato, na acrópole, há uma estátua de Difilo como oferenda votiva com a seguinte inscrição:

O filho de Difilo,[39] Antemion chamado, dedicou aos deuses essa estátua
Por haver passado da classe de trabalhador assalariado à de cavaleiro...

...e um cavalo está ao lado dele, em testemunho de que cavalaria[40] indicava a classe daqueles capazes de manter um cavalo. Ainda assim, parece mais razoável supor que essa classe se distinguia pela produção de uma certa quantidade de medidas,[41] tal como a classe mais elevada. E pertenciam à terceira classe aqueles capazes de produzir 200 medidas, somando secos e líquidos. Os restantes, na classe dos trabalhadores assalariados, não eram admitidos em nenhum cargo público. Daí o fato de mesmo atualmente, quando aquele que está prestes a participar do sorteio para ocupar algum cargo é indagado sobre a classe a que pertence, absolutamente ninguém imaginaria que pertence à dos trabalhadores assalariados.

8

PARA OS VÁRIOS CARGOS públicos ele[42] instituiu a eleição por sorteio entre candidatos pré-selecionados por voto por cada uma das tribos. No caso dos nove arcontes, cada tribo fazia uma prévia seleção de dez candi-

---

37. Cereais, vinho e azeite.
38. Ou seja, a segunda classe.
39. ...Διφίλου... (*Diphílou*), nome de um comediógrafo, mas também comum a outras pessoas. Desconhecemos a quem exatamente Aristóteles se refere. Significa literalmente *caro a Zeus*. Quanto a Antemion, também não sabermos ao certo. Trata-se, inclusive, do nome do pai de um dos acusadores de Sócrates, Anito. Ver Platão, Mênon, 90a, em *Diálogos V*, obra publicada em *Clássicos Edipro*.
40. ...ἱππάδα... (*hippáda*).
41. Isto é, 300.
42. Sólon.

datos, procedendo-se então à eleição por sorteio.[43] Persiste ainda entre as tribos o costume de cada uma eleger por sorteio dez candidatos, passando então a escolher entre esses mediante novo sorteio.[44] É indicativa de que ele tornou os cargos eletivos por sorteio em função da estimativa da renda a lei referente aos tesoureiros que permanece vigente mesmo na atualidade. De fato, ela determina que os tesoureiros sejam eleitos por sorteio entre os membros da classe mais elevada. Sólon, portanto, produziu uma legislação reguladora dos nove arcontes. Nos tempos antigos, o Conselho do Areópago costumava emitir uma convocação e selecionava independentemente o indivíduo que julgava adequado para cada um dos cargos, nomeando-o para um mandato anual. Havia quatro tribos,[45] como no passado, e quatro reis tribais. Cada uma das tribos era dividida em três terços com doze naucrarias[46] em cada um, possuindo elas seus próprios encarregados, os chamados naucrários,[47] que eram superintendentes tanto da coleta de impostos quanto dos gastos que eram feitos; isso explica nas leis de Sólon, agora não mais vigentes, reiterar-se ser função dos naucrários cobrar e despender o fundo das naucrarias. Ele criou um Conselho de quatrocentos membros (uma centena procedente de cada tribo), embora haja confiado ao Conselho do Areópago a guarda das leis, tal como este já atuara anteriormente como supervisor da Constituição; e foi esse Conselho que manteve a vigilância em relação à maioria dos negócios do Estado e os mais importantes deles, especialmente corrigindo transgressores, com plenos poderes para multar ou punir. O dinheiro arrecadado com as multas era reencaminha-

---

43. Ou seja, os nove arcontes eram escolhidos mediante sorteio entre os quarenta (dez de cada uma das quatro tribos) escolhidos mediante voto.
44. ...κυαμεύειν... (*kyameúein*), esse novo sorteio era feito utilizando-se *favas*.
45. ...φυλαί... (*phylaí*). A φυλή(*phylé*) era um conjunto de famílias pertencente a uma ascendência comum, ou a uma determinada parte da população.
46. ...ναυκραρίαι... (*naukraríai*) eram as 48 circunscrições administrativas (correspondendo 12 para cada uma das quatro tribos) nas quais Atenas foi dividida para efeito da coleta de tributos. Cada uma estava encarregada de custear a equipagem de uma belonave. Posteriormente, em 510 a.C., sob Clístenes, as naucrarias foram substituídas pelos demos e as tribos passaram de quatro para dez.
47. ...ναυκραριῶν... (*naukrariôn*).

do ao Estado, sem que a razão do *pagamento da multa*[48] fosse indicada. Também julgou aqueles que conspiravam visando a derrubar o governo, tendo Sólon promulgado uma lei que permitia a abertura de um processo judicial sumário contra eles. Percebendo que o Estado era frequentemente atingido por lutas de facções, enquanto parte considerável dos cidadãos mostrava-se indiferente, promulgou uma lei especial com referência a esses cidadãos, estabelecendo que todo aquele que não emprestasse sua adesão a um partido ou outro por ocasião de uma luta civil, seria destituído de seus direitos como cidadão e deixaria de ser membro do Estado.

9

TAL FOI O CARÁTER DE SUAS REFORMAS no que respeita aos cargos públicos. Os três traços mais populares da Constituição de Sólon[49] parecem ser os seguintes: primeiro e mais importante, a proibição de empréstimos tendo como garantia a pessoa do devedor; em segundo lugar, o direito de todo indivíduo, que assim o quisesse, de reivindicar proteção a favor de pessoas injustiçadas; e, em terceiro lugar – considerado o que mais contribuiu para o fortalecimento da massa da população – o direito de recorrer às cortes de justiça, pois ao passar a ter o poder soberano do voto, o povo se torna soberano no governo. E considerando-se que as leis não foram redigidas de maneira simples e explícita, porém como a lei que se refere às heranças e às herdeiras únicas, ocorriam inevitavelmente muitas disputas, tendo as cortes que arbitrar em todas as questões, públicas e privadas. Isso levou algumas pessoas a pensar que Sólon produziu leis propositalmente imprecisas, de modo que o povo pudesse ter em suas

---

48. ...ἐκτίνεσθαι... (*ektínesthai*), ou ευτίνεσθαι (*eutínesthai*): *exame das contas ou da gestão do magistrado.*
49. ...Σόλωνος πολιτείας... (*Sólonos politeías*). Em uma das primeiras notas afirmamos que a palavra *politeía* não tem o sentido moderno específico de um conjunto de leis que rege um Estado. Com Sólon, entretanto, é precisamente o conjunto das leis promulgadas por ele através de sua atuação como legislador que molda a sua forma de governo. Sólon é indissociavelmente legislador e homem de Estado.

mãos a decisão final, o que é improvável; provavelmente a razão foi não ser ele capaz de exprimir o ideal em termos gerais; de fato, não é justo investigarmos o que ele tencionava com base no que acontece atualmente, mas julgá-lo com base no resto de sua Constituição.

10

TAIS PARECEM SER OS TRAÇOS populares de suas leis. Deve-se, entretanto, acrescentar que antes de sua legislação, ele empreendeu sua abolição das dívidas, depois do que seu aumento do padrão referente às medidas, aos pesos e à cunhagem das moedas. Foi no seu tempo que ocorreu o aumento das medidas, que se tornaram então maiores do que as de Feidon,[50] e que a mina, que anteriormente possuía um peso de setenta dracmas, foi aumentada para cem. A moeda padrão nos tempos antigos era uma peça de duas dracmas. Ele também estabeleceu pesos correspondentes à cunhagem, um talento passando a pesar 63 minas, além do que uma fração proporcional às três minas a mais foi acrescida ao estáter e aos demais pesos.

11

TENDO ELE COMPLETADO sua Constituição da maneira descrita, viu-se acossado por pessoas que o procuravam e o assediavam por causa de suas leis, criticando certos pontos e fazendo perguntas acerca de outros. Como não desejava nem alterar o que decidira nem conservar-se [em Atenas] e atrair a inimizade, partiu numa viagem para o Egito com o propósito duplo de estabelecer relações comerciais e conhecer o país, declarando que só retornaria após transcorridos dez anos. Não considerava justo para si

---

50. É quase certo Aristóteles estar se referindo ao rei de Argos que floresceu provavelmente no começo do século VII a.C. Seus padrões em matéria de cunhagem de moeda, pesos e medidas expandiram-se pela maior parte da Grécia.

mesmo ficar e se dispor a explicar as leis, mas que todos as acatassem tal como haviam sido redigidas. Paralelamente a isso, muitos dos notáveis[51] tinham se desentendido com ele devido à abolição das dívidas, ambas as facções na verdade tendo se desapontado com o novo estado de coisas criado por ele. De fato, a massa da população havia esperado dele que tornasse todas as propriedades comuns, enquanto os notáveis haviam acalentado a expectativa de que ele fizesse com que o sistema retornasse ao que era antes, ou se limitasse a ligeiras mudanças. Sólon, contudo, contrariou ambos os partidos e em lugar de se tornar um tirano filiando-se a um ou ao outro segundo seu desejo, preferiu atrair a animosidade de ambos, salvando a pátria e introduzindo a melhor legislação.

12

TODOS SÃO UNÂNIMES EM CONCORDAR que foi assim que sucederam os fatos e ele mesmo em sua poesia, particularmente, registra o assunto da maneira que se segue:

Ao povo concedi a posição que a sua necessidade atendia,
Dele a honra não subtraí nem mais lhe outorguei,
E quanto aos detentores de poder e dotados de riqueza
Também a estes nada fiz que lhes acarretasse sua indignidade.
Assim, com meu escudo posicionado a ambos protegi,
Não permitindo que um ou outro dominasse injustamente.

Ademais, ele declara como a massa da população deve ser tratada:

Assim o povo deverá da melhor maneira seus líderes seguir,
Nem com rédea demasiado solta, nem sob violência.
Saciedade insolência gera quando a riqueza conferida é
Às pessoas cuja inteligência preparada não está.

---

51. Membros da classe mais elevada.

Além disso, numa outra parte ele fala daqueles que desejavam distribuir a terra:

Aqueles que vieram para o saque, de uma profusa esperança saturados,
Cada um deles a imaginar que uma riqueza copiosa encontrariam,
E que eu, ligeiramente lisonjeado, uma atitude cruel manifestaria,
Eram então seus sonhos jactanciosos e vãos; agora cresce contra mim sua cólera,
E a mim olham de soslaio, todos a mim tendo como inimigo...
Injustamente, pois as coisas por mim prometidas com o concurso dos deuses as realizei,
E muito mais, ainda que nada haja ociosamente arriscado; jamais à minha alma caro foi
Com uma força tirânica governar, nem que em nossa pátria os vis e os nobres
De seu solo fértil igualmente partilhassem.

Refere-se mais uma vez à abolição das dívidas e àqueles que se achavam antes na condição de escravos, mas que foram libertados pelo Livramento dos Fardos:

Mas o que não realizei de todos os
Objetivos para os quais o povo congreguei?
Disso antes da justiça que trará o Tempo
A poderosa mãe dos deuses olímpicos,
A Terra Negra, o melhor testemunho prestaria,
Pois fui eu que de seu seio os marcos divisórios[52] *arranquei,*
Ela que então escrava era, mas que agora livre é.
E muitos que foram vendidos e distante levados trouxe eu de volta
À Atenas de construção divina, este injustamente vendido,

---

52. Estacas que serviam de marcos divisórios de propriedades hipotecadas.

Aquele outro justamente; outros desterrados
Sob a carga terrível da necessidade, não mais falando
Sua língua ática, tão longe tinham eles vagado;
E aqueles que a mais vil das escravidões padeciam
Mesmo aqui, a tremerem ante a carranca de seus senhores,
Eu os libertei. Foram ações que fiz prevalecer,
Poder e justiça harmoniosamente unindo,
E o realizei inclusive como o prometera.
E leis igualmente para os maus e os bons,
Ajustando direta justiça para cada caso, redigi.
Tivesse outro homem que não eu
Sido estimulado, a quem senso faltasse, mas cobiça alimentasse,
O povo não teria ele freado. Houvesse eu
Concedido ora o que a um dos partidos em oposição agradava,
E então, em compensação, o que seu adversário concebia,
De muitos homens teria sido o Estado despojado,
E, portanto, em todos os lados vigilante permaneci,
Um lobo a virar ao ser por um bando de cães cercado.

E mais uma vez ele censura ambas as facções por suas queixas posteriores:

Se abertamente tenho eu que censurar o povo,
Sequer em sonhos poderiam ter contemplado
Aquilo que agora possuem...
Enquanto grandes homens e mais poderosos
A mim louvar poderiam e um amigo considerar-me.

Pois se fosse um outro homem, diz ele, a receber esse encargo,

...não tinha o povo contido, nem refreado,
Até que houvesse o leite agitado e sua nata subtraído.
Mas eu, como um marco divisório no meio permaneci,
A batalha entre inimigos impedindo.

13

Assim, por força dessas razões ele partiu para o estrangeiro. E tendo Sólon se ausentado, ainda que persistissem distúrbios no Estado, a paz foi mantida por quatro anos. Entretanto, no quinto ano depois do arcontado de Sólon, um novo arconte não foi escolhido devido às dissensões civis, quatro anos depois o arcontado tendo sido suspenso pela mesma razão. Posteriormente, transcorrido idêntico período, Damásias foi eleito arconte, mas cumpriu seu mandato por dois anos e dois meses, já que foi destituído à força de seu cargo. Logo depois disso, concordou-se, até por conta das lutas civis, em eleger dez arcontes, cinco entre os nobres,[53] três entre os agricultores[54] e dois entre os artesãos,[55] os quais administraram durante o ano que sucedeu a Damásias. Isso deixa claro que naquela época o arconte possuía um poder muito grande, uma vez que é sempre em função desse cargo que irrompem dissensões. Permaneceram num estado de desordem intestina geral, alguns alegando como justificativa e pretexto a abolição das dívidas (pois com isso haviam sido reduzidos à pobreza), outros manifestando seu descontentamento com a Constituição, a qual levara à implantação de grandes mudanças, enquanto o motivo para o descontentamento de outros ainda podia ser encontrado nas próprias rivalidades mútuas. As facções eram três.[56] Uma delas era a do litoral, cujo líder era Mégacles, o filho de Alcméon.[57] Considera-se que defendiam uma forma moderada de Constituição. Uma outra era a facção da planície, que defendia como meta a oligarquia, e seu líder era Licurgo.[58] O terceiro partido era o das colinas, chefiado por Pisístrato, que era considerado um líder extremado da demo-

---

53. ...εὐπατριδῶν... (*eupatridôn*), cidadãos de nascimento nobre.
54. ...ἀγροίκων... (*agroíkon*), genericamente camponeses, mas Aristóteles parece estar se referindo aos γεωμόροι (*geomóroi*), ou seja, aos cidadãos da classe que possuía terras, agricultores tanto ricos quanto pobres.
55. ...δημιουργῶν... (*demiourgón*).
56. Deve-se ter em mente que até o advento de Sólon e o processo de implantação de sua Constituição, as facções eram duas.
57. Primeiro ancestral de uma grande família nobre ateniense.
58. Não confundir com o legislador de Esparta (Lacedemônia).

cracia. Essa facção era reforçada pelos credores que, devido à abolição das dívidas, tinham empobrecido, e por aqueles que, não possuindo ascendência pura, tinham a recear, do que é prova o fato de que após a derrubada dos tiranos, foi efetuada uma revisão da lista dos cidadãos, justificada porque muitos indivíduos, embora não tivessem direito para tanto, gozavam de cidadania. A nomenclatura das distintas facções fora extraída das regiões em que suas terras estavam situadas.

14

PISÍSTRATO, CONSIDERADO UM ARDOROSO defensor da causa popular, e que conquistara grande reputação na guerra contra Megara,[59] produziu um ferimento em si próprio, anunciando em seguida que fora vítima dos membros das facções adversárias, com o que persuadiu o povo a conceder--lhe um guarda-costas, a moção tendo sido apresentada por Arístion. A ele foram concedidos aqueles que foram chamados de *portadores de maças*,[60] com a ajuda dos quais ele se voltou contra o povo e tomou a acrópole no trigésimo segundo ano da promulgação das leis [de Sólon], quando Comeas era arconte. Diz-se que quando Pisístrato solicitou a guarda, Sólon opôs-se a esse pedido, declarando que com essa sua atitude mostrava--se mais sábio do que alguns homens e mais corajoso do que outros, ou seja, mais sábio do que aqueles que ignoravam que Pisístrato visava à tirania e mais corajoso do que aqueles que o sabiam e se mantinham calados. Mas não conseguindo convencê-los com suas palavras, ele depôs suas armas defronte da porta de sua casa e declarou que, de sua parte, ajudara sua pátria quanto pudera (era então um homem idoso) e convocava a todos para fazer o mesmo. As exortações de Sólon nessa oportunidade foram em vão; e Pisístrato, que tomara o poder político, passou a governar mais segundo uma Constituição do que propriamente de uma maneira tirânica. Mas

---

59. Aristóteles parece estar se referindo às hostilidades que culminaram, em 570 a.C., com a tomada de Niseia pelos atenienses.
60. ...κορυνηφόρους... (*korynephórous*).

antes que consolidasse seu poder político, os partidários de Mégacles e de Licurgo aliaram-se e o expulsaram no sexto ano após o estabelecimento de seu governo, durante o arcontado de Hegésias. No décimo segundo ano após esses acontecimentos, Mégacles, enfrentando dificuldades num conflito de facções, abriu negociações com Pisístrato, e propondo que este desposasse sua filha, trouxe-o de volta, empregando um expediente antiquado e extremamente simples. Começando por fazer correr um boato de que Atena[61] estava trazendo Pisístrato de volta, descobriu uma mulher, alta e bela, de acordo com Heródoto[62] pertencente ao demo de Paeânia, embora conforme outros relatos uma florista trácia de Colito, de nome Fie, trajou-a para que se assemelhasse a uma deusa e a trouxe à cidade com Pisístrato. Este surgiu na cidade dirigindo uma biga com a tal mulher em pé ao seu lado. A população, tomada de pasmo, acolheu-os reverentemente.

15

FOI ASSIM QUE OCORREU seu primeiro retorno. Posteriormente, cerca de sete anos após seu retorno, foi novamente expulso. De fato, não deteve o poder por muito tempo, recusou-se a considerar a filha de Mégacles como sua esposa, e receoso diante de uma associação das duas facções de oposição, retirou-se... e, primeiramente, constituiu uma colônia num lugar chamado Raicelos,[63] nas proximidades do golfo de Termas;[64] daí ele dirigiu-se às vizinhanças do Pangaion,[65] onde ganhou dinheiro e contra-

---

61. Uma das seis deusas olímpicas, filha unigênita de Zeus, deusa ligada à inteligência, à sabedoria, às artes marciais e patrona de Atenas.
62. Historiador grego, considerado o pai da história. Viveu aproximadamente entre 484 e 425 a.C.
63. Cidade da Macedônia.
64. Golfo de Salonique, Macedônia.
65. Montanha na Trácia, onde havia minas de ouro e de prata.

tou mercenários. No décimo primeiro ano[66] regressou a Erétria,[67] e então, pela primeira vez empreendeu uma tentativa de recuperar seu poder por meio da força. Para essa empreitada contava com o apoio de muitos aliados, principalmente os tebanos e Lígdamis de Naxos, além dos cavaleiros que detinham o poder da Erétria. Após sua vitória na batalha de Palene,[68] tomou a cidade,[69] despojou o povo de suas armas e, finalmente, consolidou sua tirania, e tomou Naxos,[70] fazendo de Lígdamis seu governante. Desarmou o povo utilizando o seguinte expediente: realizou uma revista de tropas no templo de Teseu e iniciou uma assembleia, mas então baixou um pouco sua voz. Quando gritaram que não podiam ouvi-lo, instruiu-os que se dirigissem à entrada da Acrópole, de modo que sua voz pudesse ser melhor ouvida. Enquanto ele proferia um longo discurso, os homens apontados para essa incumbência recolheram as armas,[71] trancaram-nas nas câmaras contíguas do templo de Teseu, voltaram e fizeram um sinal a ele de que tudo fora feito. Findo o discurso, Pisístrato disse aos ouvintes que não se surpreendessem com o que ocorrera com suas armas, e que não se alarmassem, mas que fossem embora e se ocupassem de seus negócios privados, enquanto ele iria se ocupar de todos os negócios públicos.

16

Assim foi, portanto, que originalmente se instalou a tirania de Pisístrato, tendo sido essas as transformações que levaram a isso. O governo de

---

66. Por volta de 530 a.C.
67. Cidade da Eubeia, próxima ao litoral leste da Ática. Embora muito provável, essa referência geográfica é duvidosa, pois havia mais de um ponto geográfico na Magna Grécia com o nome de Eubeia.
68. Demo localizado no nordeste de Atenas.
69. Atenas.
70. Grande ilha (a maior das Cíclades) do mar Egeu, entre a Ática (Grécia continental) e a Ásia Menor.
71. Pressupõe-se que antes os cidadãos, interessados no discurso, haviam deposto suas armas, formando uma pilha.

Pisístrato, como já foi dito, revelou-se moderado, mais nos moldes de um governo constitucional[72] do que naqueles propriamente de uma tirania. Não só mostrou humanidade e brandura em todos os aspectos, como agiu com clemência com aqueles que haviam cometido faltas; ademais, emprestou dinheiro aos mais pobres em apoio para que se estabelecessem e se sustentassem como agricultores. Ao agir assim tinha duas coisas em vista: impedir que permanecessem na cidade[73] e aí consumissem seu tempo, distribuindo-se por todo o Estado, e fazer com que, possuidores de recursos moderados, se dedicassem aos seus negócios privados, de modo que não tivessem nem desejo nem tempo para os negócios públicos. Que se acresça que com o cultivo total da terra ocorreu o aumento das rendas de Pisístrato, uma vez que ele recolhia um tributo de 10% sobre a produção. Por conta disso ele instituiu os juízes locais e visitava com frequência pessoalmente a região rural, executando inspeções e dirimindo disputas, a fim de que os indivíduos não precisassem se dirigir à cidade, com o que negligenciariam sua atividade agrícola. Foi numa dessas ocasiões em que Pisístrato realizava uma expedição desse tipo, segundo se diz, que sucedeu o caso do homem de Himeto, o qual estava cultivando o lugar que foi posteriormente denominado Fazenda isenta de Impostos. Ele viu um homem que se limitava a cavar e trabalhar um solo muito pedregoso e, surpreso com o fato, ordenou que seu servo indagasse do homem que espécie de coisa cultivava naquele solo. E o homem disse: "Todas as fraquezas e males que existem, e dessas fraquezas e males Pisístrato terá que extrair 10%". Aquele indivíduo se manifestara desconhecendo de quem se tratava; Pisístrato, porém, ficou tão satisfeito com a franqueza de suas palavras e com seu empenho que o isentou de todos os impostos. Igualmente em outras matérias ele poupou ao máximo a massa da população durante seu governo, promovendo sempre a paz e preservando a tranquilidade. A consequência disso foi as pessoas passarem a comentar frequentemente que a tirania de Pisístrato era a Idade Áurea de Cronos;[74] de fato, com seus filhos que o sucederam mais tarde o governo se tornou muito mais duro. Mas de todas as coisas que se comenta sobre ele, a mais importante é que ele era de uma

---

72. ...πολιτικῶς... (*politikôs*), ou seja, no interesse dos cidadãos.
73. Ou seja, na região urbana, centro da atividade política.
74. Ver Platão, *As Leis*, Livro IV, 713b-714b, obra publicada em *Clássicos Edipro*.

disposição caracterizada pelo espírito democrático e a humanidade. Na administração de tudo estava habituado a observar as leis, jamais se permitindo privilégios; houve uma ocasião em particular na qual, tendo sido intimado ao Areópago devido a uma acusação de homicídio, compareceu pessoalmente para defender-se. Diante dessa postura, o promotor da acusação intimidou-se e abandonou o caso. O resultado de tudo isso foi ele conservar-se por muito tempo no poder: toda vez que era expulso, não demorava a voltar facilmente ao seu posto. Tanto a maioria dos notáveis quanto a maioria da massa da população o queriam no governo, uma vez que conquistara os primeiros devido às relações estreitas que com eles mantinha, enquanto conquistara a segunda devido à assistência que lhes prestava nos seus negócios privados. Sua afabilidade endereçava-se a uns e outros. Ademais, as leis de Atenas que diziam respeito aos tiranos vigentes naquela época eram brandas, na verdade particularmente aquela referente à instauração da tirania. Essa lei era a seguinte: Estes são os princípios tradicionais dos atenienses – se quaisquer pessoas se insurgirem na tentativa de estabelecer uma tirania, ou se qualquer pessoa colaborar no estabelecimento da tirania, isso incorrerá na perda de seus direitos civis, estendendo-se a todos os seus familiares.[75]

17

ASSIM, PISÍSTRATO ENVELHECEU NO governo e morreu vitimado por doença quando Filoneu era arconte,[76] trinta e três anos vividos após haver se estabelecido pela primeira vez como tirano, embora o tempo que permaneceu no poder tenha somado dezenove anos,[77] tendo ele passado o resto no exílio. Isso deixa claro ser uma tolice o relato de que Pisístrato era um amante de Sólon e que atuou como general na guerra contra Me-

---

75. ...γένος... (*gênos*), ou seja, não só a família nuclear, mas também todos os parentes vivos e descendentes.
76. Por volta de 527 a.C.
77. Na *Política*, 1315b34, Aristóteles indica dezessete anos. Ver *Política*, obra publicada em *Clássicos Edipro*.

gara para a recuperação de Salamina, algo impossível em vista das idades de ambos, a estimar o arco de existência de cada um e o arcontado em que Pisístrato morreu. Morto Psístrato, seus filhos assumiram o poder e deram continuidade à administração dos negócios do Estado adotando o mesmo sistema. Com sua esposa legítima, Psístrato tivera dois filhos, Hípias e Hiparco, enquanto com sua consorte de Argos, tivera também dois, Iofon e Hegesistrato, cognominado Tetalo.[78] De fato, Pisístrato desposara alguém de Argos, Timonassa, filha de um homem de Argos de nome Gorgilo, a qual fora antes esposa de Arquino da Ambrácia,[79] descendente de Cípselo.[80] Aqui se encontra a origem de sua[81] amizade com Argos, com base no que mil argivos foram trazidos por Hegesistrato para lutarem a seu favor na batalha de Palene. Há quem situe seu casamento com a dama argiva no período de seu primeiro banimento, ao passo que outros o situam num período em que detinha o poder.

18

A AUTORIDADE EM RELAÇÃO AOS negócios do Estado era de Hiparco e Hípias, em virtude da posição que ocupavam e de suas idades. O poder, entretanto, estava na prática nas mãos de Hípias, que além de ser o mais velho, era naturalmente dotado de talento político e sábio, enquanto Hiparco era aficionado dos folguedos, da paixão amorosa e da literatura (foi ele que atraiu [a Atenas] Anacreonte, Simônides e outros poetas).[82] Quanto a Tetalo, muito mais jovem, de comportamento violento e insolente, foi seu modo de vida que deu origem a todos os males que acometeram a

---

78. Ou Tessalo.
79. Região e cidade do Epiro, no leste da Grécia continental.
80. Primeiro ancestral de uma família nobre de Corinto.
81. Isto é, de Pisístrato.
82. Ver Platão, Hiparco, 228b e segs. (em *Diálogos VII – Suspeitos e Apócrifos*, obra publicada em *Clássicos Edipro*), do que diverge Aristóteles.

família. Apaixonou-se por Harmódio e enraivecido diante da sucessão de suas investidas frustradas, passou a manifestar essa raiva de várias maneiras. Finalmente, na ocasião em que a irmã de Harmódio era para *portar o cesto*[83] na procissão das Panateneias,[84] ele a impediu proferindo um insulto contra Harmódio, taxando-o de fraco e frouxo. Tomado pela ira, Harmódio e Aristógiton, com a cumplicidade de *muitos,*[85] empreenderam uma conspiração. Na acrópole, durante as Panateneias, observavam detidamente Hípias (quando este aguardava a chegada da procissão, cuja saída era organizada por Hiparco); nessa ocasião perceberam que um de seus parceiros na conspiração conversava em tom amigável com Hípias. Supondo que estavam sendo denunciados e desejando fazer algo antes que fossem presos, desceram[86] rapidamente e agiram por iniciativa própria, sem esperar o resto dos cúmplices, isto é, mataram Hiparco, que naquele momento organizava a procissão perto do Leocoreio.[87] Isso arruinou toda a conspiração. Dos dois líderes, Harmódio foi imediatamente morto pelos lanceiros, enquanto Aristógiton morreu mais tarde, depois de ser preso e torturado por muito tempo. Sob a tortura, acusou, fornecendo seus nomes, muitos homens pertencentes a famílias ilustres e, inclusive, amigos pessoais dos tiranos. De início, os membros do governo não foram capazes de detectar nenhuma pista da conspiração;[88] a história que circula de que Hípias ordenou a todos os participantes da procissão que depusessem suas armas e descobriu aqueles que portavam adagas ocultas não é verdadeira, pois naquela época ninguém participava da procissão armado, costume que foi instituído posteriormente pelo governo democrático. Conforme os adep-

---

83. ...κανηφορεῖν... (*kanephoreîn*). A *portadora do cesto* durante as Panateneias era a jovem ateniense que carregava sobre a cabeça um cesto chato contendo variados objetos, nomeadamente a grinalda, o bolo sagrado, o incenso e a faca do sacrifício.
84. Festas celebradas em honra da patrona de Atenas, isto é, a deusa olímpica Atena. Eram as Grandes Panateneias, realizadas de quatro em quatro anos, e as Pequenas Panateneias, anuais ou trienais.
85. ...πολλῶν... (*pollôn*), embora Tucídides relate ...οὐ πολλῶν... (*ou pollôn*), *não muitos*, no que é seguido por helenistas como Kaibel.
86. Estavam na acrópole.
87. Templo erigido em honra das três filhas sacrificadas de Leôs (herói ateniense).
88. Ou seja, não conseguiram identificar e deter nenhum dos conspiradores.

tos do partido popular, Aristógiton acusou os amigos dos tiranos visando deliberadamente com isso levar aqueles que o haviam capturado a cometer uma impiedade e simultaneamente se enfraquecerem executando homens inocentes que eram seus próprios amigos; contudo, segundo outros, sua acusação não fora falsa, limitando-se ele a denunciar seus verdadeiros cúmplices. Finalmente, considerando que a despeito de todo o seu empenho não o matavam, dispôs-se a fornecer mais informações envolvendo muitas outras pessoas; em seguida induziu Hípias a estender-lhe a mão direita a título de uma garantia de boa-fé, mas ao tomar sua mão ele o insultou por oferecer a mão ao assassino de seu irmão; Hípias, então, sumamente encolerizado e incapaz de controlar-se, sacou sua adaga e o matou.

19

DEPOIS DO OCORRIDO A tirania tornou-se muito mais cruel. Muitas execuções e sentenças de exílio ordenadas por Hípias a título de vingança pelo assassínio do irmão, fizeram dele uma pessoa amarga que desconfiava de todos. Cerca de quatro[89] anos após a morte de Hiparco, *a situação na cidade era tão ruim*,[90] que ele empreendeu a fortificação de Muníquia,[91] tencionando transferir-se para lá. Foi durante o seu envolvimento nisso que acabou expulso pelo rei da Lacedemônia,[92] Cleômenes. Oráculos estimulavam continuamente os espartanos a derrubar tiranias e explicamos na sequência a razão e origem desses oráculos. Os exilados atenienses, liderados pelos descendentes de Alcméon não conseguiam, com seus próprios recursos, retornar à pátria, frustrando-se invariavelmente em suas

---

89. ...τετάρτῳ... (*tetártoi*), segundo a *editio princeps* de Kenyon, mas na última edição de 1920 (texto estabelecido, revisto e traduzido pelo próprio Kenyon) o número é três e não quatro.
90. Edição de 1920: *julgava-se tão inseguro na cidade.*
91. Península e porto de Atenas, situados num ponto mais elevado que o mar, permitindo o controle do Pireu e demais portos.
92. Esparta.

tentativas. Entre suas tentativas malogradas houve a construção do forte de Leipsidrion na região rural, no declive do Parnes,[93] para onde se dirigiriam alguns de seus amigos provenientes da região urbana, a eles se unindo. Foram, porém, sitiados e forçados à rendição pelos tiranos. Posteriormente a referência a esse desastre popularizou-se pela seguinte canção tortuosa:

Ah, Leipsidrion,[94] traiçoeiro companheiro!
Repara os homens bons que à morte enviaste,
De nobre nascimento e na proeza guerreira grandes,
Mostraram eles de que linhagem vieram.

A somarem fracassos de toda espécie, obtiveram o contrato para reconstruir o templo de Delfos,[95] o que lhes rendeu fundos para a ajuda aos lacedemônios. A Pítia,[96] toda vez que os lacedemônios consultavam o oráculo, proferia um comando para que libertassem Atenas, até que conseguiu fazer com que os espartanos[97] dessem esse passo, *apesar dos descendentes de Pisístrato lhes serem estranhos*;[98] a decisão dos espartanos foi estimulada igualmente pela amizade que se formara e persistia entre os argivos e os descendentes de Pisístrato. Assim, começaram por enviar Arquímolo com uma força naval, mas ele foi derrotado e morto devido ao apoio de Cineias da Tessália, que veio em apoio do inimigo dos espartanos com uma força de mil cavaleiros. Enraivecidos com esse acontecimento, enviaram seu rei Cleômenes por terra comandando um exército com uma força maior, tendo ele obtido uma vitória sobre a cavalaria tessaliana, a qual procurava intercep-

---

93. Montanha na região nordeste da Ática.
94. ...Λειψύδριον... (*Leipsýdrion*) denota precisamente a região árida de Parnes.
95. Cidade da Fócida.
96. ...Πυθία... (*Pythía*), nome atribuído às sacerdotisas do templo de Apolo pítio em Delfos, as quais proferiam os oráculos.
97. ...Σπαρτιάτας... (*Spartiátas*): embora Lacedemônia e Esparta tenham sido sempre a mesma cidade-Estado, a capital da Lacônia e, portanto, dois nomes para a mesma coisa, as palavras lacedemônios e espartanos também possuem sentidos particulares, sendo entendido pelos primeiro termo os habitantes da região rural do país, e pelo segundo aqueles da região urbana.
98. Edição de 1920: *apesar dos descendentes de Pisístrato estarem a eles ligados por laços de hospitalidade.*

tar sua marcha rumo à Ática; com isso acuou Hípias na fortaleza denominada Pelargicon,[99] que passou a sitiar com o apoio dos atenienses. Durante o assédio, aconteceu de os filhos dos descendentes de Psístrato serem capturados numa tentativa de fuga; nessas circunstâncias os sitiados capitularam em negociação pela segurança dos filhos, retirando seus pertences em cinco dias e entregando a acrópole aos atenienses. Isso sucedeu durante o arcontado de Harpactides,[100] após eles[101] haverem sustentado a tirania por cerca de dezessete anos a partir do falecimento de seu pai, totalizando, a considerar também o período do governo de Pisístrato, quarenta e nove anos.

20

DERRUBADA A TIRANIA, SEGUIU-SE um período de luta de facções envolvendo Iságoras, filho de Tisandro, amigo dos tiranos, e Clístenes, este pertencente à família dos descendentes de Alcméon. Tendo Clístenes sido derrotado nas associações políticas de Atenas, recorreu ao povo, dispondo-se a entregar o governo à massa da população. O resultado foi Iságoras começar a ver seu poder reduzir-se, com o que recorreu, por sua vez, a Cleômenes, solicitando a ajuda deste, a quem era ligado por fortes laços de mútua hospitalidade. Persuadiu-o a eliminar a impureza, pois os descendentes de Alcméon eram tidos como uma estirpe marcada por um crime de sacrilégio não expiado. Diante disso, Clístenes saiu do país, enquanto Cleômenes, com algumas tropas, empreendeu a expulsão de setecentas famílias atenienses consideradas impuras.[102] Feito isso, sua ação seguinte foi tentar dissolver o senado[103] e estabelecer Iságoras e trezentos

---

99. Fortaleza que circundava o extremo oeste da acrópole.
100. Ou seja, em 511 a.C.
101. Isto é, os descendentes de Psístrato.
102. Entenda-se que Cleômenes, rei de Esparta, invadiu a Ática para executar essa operação.
103. ...βουλήν... (*boulén*), ou seja, o Conselho dos Quatrocentos de Atenas, que passaria para Quinhentos com Clístenes.

de seus amigos no poder soberano do Estado. O senado, porém, resistiu e a massa da população se uniu, forçando Cleômenes, Iságoras e seus adeptos a refugiar-se na acrópole. Aí o povo os sitiou por dois dias, sendo que no terceiro, mediante uma trégua, permitiu que Cleômenes e seus adeptos partissem, ao mesmo tempo que convocou Clístenes e os demais exilados para que retornassem. O povo assumiu o controle da situação, tornando-se Clístenes tanto seu líder quanto o defensor da causa popular. Praticamente os descendentes de Alcméon haviam sido os principais responsáveis pela expulsão dos tiranos, o que foi por eles realizado majoritariamente por meio de luta partidária. Mas mesmo antes das ações dos descendentes de Alcméon, Cedon atacara os tiranos, o que deu origem a uma canção entoada pelo povo a ele dirigida:

Brinda agora a Cedon, rapaz! A ele bebamos também,
Se a erguer o brinde a homens bons e verdadeiros o dever a nós comanda.

21

FORAM ESSAS, PORTANTO, AS CAUSAS que fizeram com que Clístenes conquistasse a confiança do povo. E nessa ocasião em que se converteu no defensor da causa da massa popular, no quarto ano que se seguiu à deposição dos tiranos, quando Iságoras era arconte, distribuiu pela primeira vez toda a população em dez tribos, em lugar das quatro que existiam,[104] no desejo de misturá-las, a fim de fomentar uma maior participação de pessoas no governo. Isso deu origem ao dizer: "Não se põe a distinguir as tribos", endereçado aos que desejam investigar os clãs das pessoas. Em seguida tornou o senado composto de quinhentos membros em lugar de quatrocentos, cinquenta de cada tribo, quando antes eram cem de cada tribo. Isso explica por que não organizou a população em doze tribos, para que não tivesse que usar a divisão existente dos *terços* (de fato, as quatro tribos possuíam doze terços), com o que não teria conseguido misturar os membros da população. Ele

---

104. Em 510 a.C.

também dividiu o território do país entre os demos em trinta partes, dez correspondendo aos distritos em torno da região urbana, dez àqueles do litoral e dez correspondendo ao distrito do interior. Chamou essas partes de *terços* e destinou-as por sorteio às tribos, três para cada, a fim de que cada tribo pudesse ter acesso a uma participação em todos os distritos. Todos os que viviam num dado demo foram por ele declarados companheiros de demo entre si, com o fito de que os novos cidadãos não ficassem expostos ao uso habitual de se dirigir às pessoas pelo nome de família, mas que as pessoas pudessem ser oficialmente designadas pelos nomes de seus demos; é em função disso que na vida privada os atenienses também empregam os nomes de seus demos como sobrenomes. Ele também instituiu *chefes de demo (demarcos)*,[105] com as mesmas obrigações dos anteriores *naucrários*, uma vez que substituíra as *naucrarias* pelos demos. Nomeou os demos quer pelos nomes de suas localidades, quer pelos nomes de seus fundadores, visto que nem todos os demos correspondiam mais aos lugares. No que respeita às famílias (clãs), às fratrias e aos sacerdócios pertencentes aos vários demos, permitiu que continuasse o costume ancestral. Na qualidade de divindades epônimas das tribos ele estabeleceu dez heróis tutelares oriundos da seleção efetuada por um oráculo da pítia com base num elenco anteriormente escolhido de cem.

22

Tais reformas tornaram a Constituição bem mais democrática do que a de Sólon. Em função do desuso, a tirania havia obliterado as leis de Sólon. Clístenes, tendo em vista a massa da população, instituíra outras leis novas, inclusive promulgando a lei que tratava do ostracismo. Para começar, no quinto ano que se sucedeu a essas promulgações,[106] no arcontado de Hermocreonte, foi instituído o juramento de emposse para o senado[107]

---

105. ...δημάρχους... (*demárkhous*).
106. Ou seja, em 504 a.C.
107. O Conselho dos Quinhentos.

que até hoje está vigente. Em seguida principiaram a eleger os generais por tribos, um para cada uma delas, embora o senhor da guerra comandasse o exército inteiro. Onze anos mais tarde, quando Fenipo era arconte, eles sagraram-se vitoriosos na batalha de Maratona.[108] Dois anos depois, quando o povo achava-se então imbuído de autoconfiança, foi aplicada pela primeira vez a lei do ostracismo, a qual fora promulgada em virtude da suspeita relativamente aos homens que ocupam altos cargos, já que fora quando era líder do povo e general que Pisístrato instaurou-se como tirano. A primeira pessoa condenada ao ostracismo foi um de seus[109] parentes, Hiparco, filho de Carmo, do demo de Colito.[110] Tinha sido o desejo de condenar esse indivíduo ao ostracismo o principal motivo para ele criar e promulgar essa lei. Realmente, dada a usual leniência do povo, os atenienses haviam permitido que todos os amigos dos tiranos que não tinham participado das ações danosas deles durante o período de desordens permanecessem na cidade. Ora, Hiparco era o líder e cabeça desses indivíduos. No ano imediato seguinte, quando era arconte Telesino,[111] elegeram os nove arcontes por sorteio, tribo por tribo, tomando-os de uma lista prévia de quinhentos selecionados pelos membros dos demos: posto que todos os arcontes anteriores haviam sido eleitos por voto, essa foi a ocasião da primeira eleição nesses termos depois da tirania. Mégacles, filho de Hipócrates, do demo Alopece, foi condenado ao ostracismo. Durante três anos os amigos dos tiranos foram condenados por eles ao ostracismo, tendo esses amigos sido o motivo da promulgação daquela lei; depois, contudo, no quarto ano seu uso passou a objetivar também o afastamento de qualquer outro indivíduo que parecesse ser demasiado poderoso. A primeira pessoa sem qualquer conexão com a tirania condenada ao ostracismo foi Xantipo, filho de Arífron. Dois anos mais tarde, quando Nicomedes[112] era arconte, em virtude da descoberta das minas de

---

108. Os atenienses venceram os persas em Maratona no ano 490 a.C., o que sugeriria *oitavo* ano acima e não *quinto*.
109. Ou seja, de Clístenes.
110. Não confundir com Hiparco, filho de Pisístrato, ele mesmo membro da tirania.
111. Em 487 a.C.
112. Edição de 1920: Nicodemos.

Maroneia,[113] cuja exploração rendera ao Estado um lucro de cem talentos, algumas pessoas aconselharam que esse dinheiro deveria ser distribuído entre os indivíduos do povo. Temístocles,[114] entretanto, o impediu e sem informar qual uso faria do dinheiro, recomendou que fosse emprestado aos cem homens mais abastados de Atenas, um talento a cada um; entendia que se gastassem o dinheiro *satisfatoriamente, a vantagem caberia ao Estado*,[115] mas se assim não fizessem, o Estado deveria exigir o dinheiro de volta daqueles a quem o tinha emprestado. Nesses termos o dinheiro lhe foi disponibilizado e ele o empregou na construção de cem trirremes, cada um dos cem homens que haviam obtido o empréstimo tendo um navio construído; e foi com essa frota que travaram a batalha naval de Salamina contra os bárbaros.[116] Foi nesse mesmo período que Aristides,[117] filho de Lisímaco, foi condenado ao ostracismo. Decorridos, porém, três anos, durante o arcontado de Hipsechides, por causa da expedição de Xerxes,[118] foi permitido o retorno dos condenados ao ostracismo, sob a condição, entretanto, de que indivíduos condenados ao ostracismo, doravante não podiam habitar entre o Geresto[119] e o Cilaio,[120] sob pena de perderem completa e irreversivelmente a cidadania.

23

Até então, portanto, o Estado progredira até esse ponto, se desenvolvendo a passos lentos com o desenvolvimento da democracia; depois,

---

113. Havia uma cidade da Trácia com esse nome, porém é mais provável que Aristóteles se refira a uma região da Ática a cerca de 8 km do Cabo Súnio.
114. Temístocles (?527-?460 a.C.), general e político ateniense.
115. Edição de 1920: *de maneira a satisfazer o povo, o gasto deveria ser encargo do Estado*.
116. Temístocles derrotou os persas em Salamina em 480 a.C.
117. Aristides (?530-?468 a.C.), general e político ateniense.
118. Rei da Pérsia.
119. Promontório e cidade situados no extremo sudoeste da Eubeia.
120. Capital da Argólida.

contudo, das guerras contra os persas, o Conselho do Areópago recobrou seu poder e assumiu o controle político. Essa sua supremacia não fora obtida mediante qualquer decreto formal, mas porque o Areópago fora o responsável pela batalha naval de Salamina.[121] De fato, quando os generais se achavam mergulhados no completo desespero ante a situação crítica e haviam proclamado que cada um devia cuidar de sua própria segurança, o Areópago providenciou um fundo e forneceu oito dracmas a cada um para que tripulassem os navios. Em razão disso o prestígio do Conselho do Areópago cresceu perante eles.[122] Atenas foi bem governada nesse período; de fato, nesse tempo os indivíduos ocupavam-se dos deveres militares e conquistaram elevado prestígio entre os gregos, os atenienses granjeando a supremacia naval, a despeito da vontade em contrário dos lacedemônios. Os líderes do povo nesse período foram Aristides, filho de Lisímaco, e Temístocles, filho de Neocles, Temístocles destacando-se na habilidade militar, enquanto o primeiro foi objeto de alta estima em função de sua habilidade política, além de superar seus contemporâneos em matéria de senso de justiça. Assim, enquanto se serviam de um como general, serviam-se do outro como conselheiro. Embora divergissem em matéria política, a reconstrução dos muros foi conduzida por ambos em conjunto. Mas foi Aristides que promoveu a cisão dos Estados jônicos da aliança lacedemônia, ao agarrar a oportunidade quando os lacedemônios tornaram-se objeto de descrédito por causa de Pausânias. Disso resultou ser ele quem efetuou a primeira estimativa dos tributos dos Estados aliados, dois anos após a batalha naval de Salamina, durante o arcontado de Timóstenes,[123] tendo sido também ele que tomou o juramento dos jônicos de que possuíam os mesmos inimigos e amigos, ratificando esse juramento ao lançar volumes de ferro no mar.[124]

---

121. Ou seja, a principal batalha que afastou a ameaça do avanço do rei Xerxes rumo à Grécia e a Atenas.
122. Ou seja, os generais. Edição de 1920: *perante as pessoas*.
123. Em 478 a.C.
124. Nessa cerimônia as partes juravam manter o pacto enquanto o ferro não voltasse à tona.

24

Depois disso, a constatar que o Estado ganhava autoconfiança e com a arrecadação de muito dinheiro, ele[125] aconselhou a massa da população a assumir a hegemonia deixando o campo e vindo se estabelecer na cidade, dizendo-lhe que haveria sustento para todos, alguns podendo prestar serviço militar comandando tropas, outros podendo atuar como guardas de fronteira, enquanto outros ainda poderiam participar da condução dos negócios públicos, com o que preservariam sua hegemonia. Tendo acatado esse conselho e conquistado o total controle, passaram a tratar os aliados imperiosamente, com a exceção de Quios, Lesbos e Samos, que mantiveram como postos avançados do império, concedendo-lhe autonomia de governo e que administrassem seus próprios domínios que detinham na época. Como propusera Aristides, construíram também um amplo centro de abastecimento alimentar para a massa da população. Graças à continuidade de arrecadação dos tributos, taxas e contribuições dos aliados, o sustento de mais de vinte mil homens[126] era assegurado. Realmente havia 6.000 juízes, 1.600 arqueiros, além de 1.200 cavaleiros, 500 membros do Conselho, 500 guardas dos portos, somando-se a 50 guardas da cidade, bem como 700 magistrados no país e 700 no estrangeiro; a serem adicionados a esses, quando mais tarde partiram para a guerra, 2.500 soldados de armamento pesado, 20 navios de guarda costeira e outros navios que transportavam guardas em número de 2.000 homens escolhidos por sorteio; que se acresçam os indivíduos mantidos no pritaneu, além de órfãos e guardas de prisioneiros, visto que todos esses eram sustentados pelo dinheiro público.

---

125. Aristides.
126. ...ἄνδρας... (*ándras*).

25

O SUSTENTO DO POVO ERA assegurado por esses recursos. A Constituição permaneceu sob o controle dos areopagitas durante cerca de dezessete anos após as guerras contra a Pérsia, embora esse controle tenha sofrido um gradual declínio. Entretanto, com o aumento da população, Efialtes, filho de Sofonides, tendo se tornado líder do povo e gozando da reputação de incorruptível e justo no que se referia à Constituição, atacou o Conselho.[127] Começou por muitos membros do Areópago processando-os legalmente por seus atos administrativos; em seguida, no arcontado de Cônon,[128] destituiu o Conselho de suas prerrogativas adicionais de guardião da Constituição, transferindo algumas delas ao Conselho dos Quinhentos, outras ao povo e aos tribunais. Temístocles foi em parte responsável por esses atos de Efialtes. Embora fosse ele próprio um membro do Areópago, estava na expectativa de ser julgado sob a acusação de transações com os persas envolvendo traição. Temístocles desejava, portanto, o fim do Areópago e, assim, ao mesmo tempo que dizia a Efialtes que o Conselho ia prendê-lo,[129] dizia aos areopagitas que ia denunciar certos indivíduos que conspiravam com o intuito de destruir a Constituição.[130] Costumava conduzir os areopagitas delegados pelo Conselho à residência de Efialtes para indicar-lhes quem ali se reunia, mantendo sérias conversações com eles. Ao percebê-lo, Efialtes, alarmado, refugiou-se no altar vestido unicamente de uma túnica. Todos ficaram abismados com o que sucedera e, logo depois, quando o senado[131] reuniu-se, Efialtes e Temístocles prosseguiram denunciando o Areópago perante o senado. Repetiram o mesmo de idêntica maneira perante o povo, até que conseguiram destituir o Areópago de seu poder. E também Efialtes foi eliminado pouco depois, tendo sido ardilosamente assassinado por Aristódico de Tanagra.

---

127. ...βουλή... (*boulé*), mas entenda-se o Conselho do Areópago e não o Conselho dos Quinhentos (senado).
128. Em 462 a.C.
129. Ou seja, a ele, Temístocles.
130. Isto é, subverter o governo vigente.
131. Conselho dos Quinhentos.

26

Desse modo o Conselho do Areópago se viu privado da supervisão dos negócios públicos.[132] Depois disso, ocorreu um crescente relaxamento do governo atribuível ao ardor dos líderes populares. Durante esse período, os mais moderados não possuíam um líder propriamente dito, aquele que mais se distinguia entre eles – Címon, filho de Miltíades – não passando de um homem relativamente jovem, que ingressara apenas recentemente na vida política; paralelamente a isso, a população em geral sofrera enormemente na guerra, pois naquela época os soldados para a ativa eram arregimentados com base numa seleção da lista dos cidadãos, de forma que as expedições guerreiras eram comandadas por generais sem experiência militar, mas que só eram promovidos a essa posição devido à reputação de suas famílias; disso resultava continuamente tropas engajadas numa expedição sofrerem duas ou três mil baixas, esgotando os quadros de homens respeitáveis tanto do povo quanto da classe mais elevada. A administração em geral era conduzida sem o mesmo acatamento à lei que se praticara antes, isso embora nenhuma alteração surgira no que dizia respeito à eleição dos nove arcontes, salvo a decisão, cinco anos depois da morte de Efialtes, de estender aos cidadãos da terceira classe elegibilidade para a lista preliminar da qual os nove arcontes eram selecionados por sorteio; e o primeiro arconte pertencente à terceira classe foi Mnesiteides. Até então todos os arcontes haviam provindo da classe dos cavaleiros e da mais elevada classe de Atenas, enquanto os cidadãos da terceira classe ficavam confinados aos cargos ordinários, exceto onde um desvio da lei passava despercebido. Quatro anos mais tarde, quando Lisícrates era arconte,[133] os trinta juízes chamados de *juízes locais* foram reconstituídos. Dois anos depois, no arcontado de Antídoto, devido ao grande aumento dos cidadãos, foi resolvido promulgar, com base em proposta de Péricles,[134] restringir a cidadania a indivíduos filhos de pai e mãe cidadãos.

---

132. Na edição de 1920, esta frase encerra o capítulo 25.
133. Em 453 a.C.
134. Péricles (?495-429 a.C.), político e orador ateniense.

27

SUCEDENDO-SE A ISSO, QUANDO Péricles alcançou a liderança do povo (tendo se sobressaído pela primeira vez, por ocasião de sua juventude, ao questionar Címon na auditoria sobre as contas deste como general), a Constituição tornou-se ainda mais democrática. Ele suprimiu alguns privilégios ainda detidos pela Areópago e muito insistentemente conclamou o Estado ao desenvolvimento do poder naval, o que fez crescer a autoconfiança da massa da população e aumentou ainda mais o controle que tinha do governo. Quarenta e oito anos após a batalha de Salamina,[135] durante o arcontado de Pitodoro, irrompeu a Guerra do Peloponeso,[136] período em que o povo, confinado na cidade e tendo se habituado a ganhar a vida graças ao serviço militar, determinou-se, em parte voluntária e em parte involuntariamente, a assumir a administração do Estado ele mesmo. Por outro lado, Péricles foi o primeiro a instituir o serviço remunerado nos tribunais, a título de uma contramedida popular contra a riqueza de Címon. Possuindo Címon propriedades em tal escala que poderiam dele fazer um tirano, não só prestava serviços públicos regulares magnificamente, como também sustentava muitos membros de seu demo. Qualquer membro do demo dos Lacíadas, se quisesse, podia diariamente ir à residência de Címon e obter uma razoável provisão; ademais, todas suas propriedades rurais eram desprovidas de cercas, permitindo a qualquer um que nelas quisesse ingressar que o fizesse e se servisse pessoalmente dos produtos da colheita. Consequentemente, sendo os recursos de Péricles insuficientes para praticar tal prodigalidade, seguiu o conselho de Damônides de Oea (que se supunha ser a pessoa que sugeriu a Péricles a maior parte de suas medidas, por conta do que mais tarde o condenaram ao ostracismo), visto que estava levando o pior baseado em seus recursos particulares, e passou a dar à multidão o que já lhe pertencia. Em consonância com isso, instituiu o serviço remunerado nos tribunais. Alguns críticos afirmam que isso resultou na deterioração das cortes de justiça, porque eram sempre os indivíduos ordinários, de preferência aos ilustres,

---

135. Em 431 a.C.
136. Travada fundamentalmente entre atenienses e lacedemônios.

que se apresentavam para o sorteio da seleção de jurados. Foi também depois disso que começou o suborno, executado de maneira organizada, dos júris, tendo sido Anito[137] o primeiro a introduzi-lo após seu comando em Pilos.[138] Foi acusado por certos indivíduos e levado a julgamento por haver perdido Pilos. Subornou o júri e escapou.

28

ASSIM, ENQUANTO DUROU A liderança popular por parte de Péricles, os negócios do Estado foram administrados com razoável competência. Entretanto, com sua morte, ocorreu uma grande mudança para pior. De fato, pela primeira vez o povo acolheu um líder que não gozava de boa reputação junto à classe dos moderados constituída por homens de boa posição, enquanto até então haviam sido sempre tais homens os condutores do povo. Sólon fora o mais original e o primeiro deles, o segundo fora Pisístrato, homem de nobre nascimento e ilustre. Com a queda da tirania, Clístenes, um dos descendentes de Alcméon, fora, por sua vez, líder popular, não havendo ninguém que a ele se opusesse no momento em que o partido de Iságoras foi expulso. Em seguida Xantipo esteve à frente do povo, enquanto Miltíades à frente dos notáveis; e então Temístocles e Aristides. Na sequência vimos Efialtes conduzindo o povo, enquanto Címon, filho de Miltíades, liderava os ricos. Depois Péricles surgiu como líder popular, Tucídides[139] liderando os outros, sendo ele parente de Cí-

---

137. Anito, filho de Antemion, era um rico e respeitado cidadão ateniense que se destacou na carreira militar, mas não pertencia a nenhuma família ilustre. Como seu pai, construíra sua riqueza como curtidor. Trata-se do mesmo Anito que foi um dos acusadores de Sócrates. Ver Platão, Mênon, 90a e segs, em *Diálogos V*, obra publicada em *Clássicos Edipro*.
138. Situado no litoral a oeste do Peloponeso, Pilos foi tomado pelos atenienses em 425 a.C. Em 409 a.C. foi recuperado pelos lacedemônios. Para reverter a situação e prestar socorro, Anito foi enviado comandando trinta trirremes. O mau tempo, contudo, o impediu de cumprir sua missão.
139. Político e general ateniense. Não confundir com o historiador.

mon. Com a morte de Péricles, Nícias,[140] que mais tarde tombaria em combate na Sicília, liderou os homens ilustres, ao passo que o líder popular foi Cleonte, filho de Cleaeneto, que se considera ter sido o maior promotor da corrupção popular graças aos seus rompantes impetuosos, tendo sido o primeiro a recorrer aos berros e à linguagem grosseira na plataforma, além de erguer o próprio manto antes de proferir um discurso público, enquanto todos os que o haviam precedido falavam de maneira decente e ordenada. Na sequência surgiram Teramenes, filho de Hagnonte, que foi líder dos outros, enquanto Cleofonte, o fabricante de liras, foi líder do povo. Cleofonte foi o primeiro a introduzir a doação de dois óbolos. Ele manteve essa prática de doação por algum tempo, mas posteriormente Calícrates, do demo de Paeânia a aboliu, sendo o primeiro a se dispor a adicionar aos dois óbolos mais um. Mais tarde ambos esses líderes foram condenados à morte, já que a multidão, mesmo que completamente ludibriada durante um certo tempo, acaba geralmente por odiar aqueles que a levaram a cometer alguma ação indigna. A partir de Cleonte a liderança popular foi exercida ininterruptamente por homens maximamente desejosos de desempenhar um papel ousado e agradar a maioria visando a uma popularidade imediata. Os melhores políticos de Atenas parecem ter sido, depois daqueles de outrora, Nícias, Tucídides e Teramenes. No que toca a Nícias e Tucídides, quase por unanimidade foram classificados não só como homens honrados, como também políticos que serviram patrioticamente o Estado; no que tange a Teramenes, contudo, em função do caráter tortuoso das alterações constitucionais que ocorreram no seu tempo, as opiniões são divergentes. Contudo, a opinião daqueles que não se limitam a meras referências incidentais, é a de que ele não foi um subversor de todos os governos, que é a acusação que lhe imputam os críticos, mas que deu suporte a todos eles desde que não houvesse absolutamente qualquer desvio do caminho da lei; entendem que foi capaz de prestar serviço ao Estado em todos esses governos, sendo esse o dever de todo cidadão, mas sem compactuar com eles quando agiam na ilegalidade, caso em que os enfrentava como inimigos.

---

140. Político e general ateniense. Ver Platão, Laques, em *Diálogos VI*, obra publicada em *Clássicos Edipro*.

29

ASSIM, DURANTE A GUERRA,[141] enquanto seu curso se mantinha regular, a democracia continuou a ser preservada. Todavia, quando depois do desastre da Sicília,[142] os lacedemônios se fortaleceram muito ao se aliarem ao rei da Pérsia, eles[143] foram forçados a derrubar a democracia e instalaram o governo dos Quatrocentos. O discurso recomendando essa medida *a favor da resolução*,[144] foi proferido por Melóbio, a proposta tendo sido de Pitodoro de Anaflisto, e a massa da população aprovou principalmente com base na crença de que seria mais provável que o rei[145] com eles formasse uma aliança naquela guerra se a Constituição passasse a ser oligárquica.[146] A resolução de Pitodoro era a seguinte: que a se somarem aos dez membros do comitê de segurança[147] já existentes, o povo escolhesse mais vinte entre os cidadãos com mais de quarenta anos, os quais, após prestarem juramento solene de que traçariam as medidas que julgassem as melhores para o bem do Estado, concebessem medidas para a segurança pública; e que qualquer outra pessoa, se assim quisesse, podia apresentar propostas, de modo que pudessem entre todas escolher a melhor. Clitofonte assentiu com a resolução de Pitodoro, mas com a emenda de que o comitê formado devia também ser incumbido de examinar as leis ancestrais promulgadas por Clístenes quando este estabelecera a democracia, de maneira que se capacitassem a deliberar sobre o melhor procedimento a ser aconselhado depois de considerarem também essas leis. Apontava como fundamento de sua emenda que a

---

141. Alusão à Guerra do Peloponeso.
142. Em 413 a.C. os atenienses foram derrotados na batalha naval de Siracusa.
143. Ou seja, os atenienses.
144. Ou: *antes da votação*.
145. Isto é, o rei da Pérsia.
146. Aqui, no sentido primordial e quantitativo da palavra, quer dizer forma de governo na qual o poder está nas mãos de uns poucos cidadãos, ao invés de estar nas mãos da muitas, que é o caso da democracia.
147. Após a derrota na Sicília, Atenas nomeou dez cidadãos para tratarem especificamente da situação de emergência que resultou dessa derrota.

Constituição de Clístenes não era realmente democrática, mas sim semelhante à de Sólon. Uma vez eleitos os membros do comitê, começaram por propor como compulsório para os prítanes submeter ao voto todas as propostas feitas no interesse da segurança pública. Em seguida, suprimiram os processos de impedimento no tocante a propostas ilegais, indiciamentos e acusações públicas, para que todo ateniense que assim o quisesse, estivesse livre para aconselhar no que tocava à situação em que viviam; e decretaram que se qualquer pessoa fizesse a tentativa de puni-los, convocá-los ou levá-los ao tribunal por assim agirem, ficava sujeita, se denunciada, a aprisionamento imediato e a ser conduzida aos generais, que deveriam entregá-la aos Onze,[148] para ser punida com a morte. Depois disso conceberam a Constituição nos seguintes termos: as rendas do Estado não eram para ter outro objetivo senão o custeamento da guerra; todos os magistrados[149] deviam servir ao Estado durante toda a duração da guerra sem ser remunerados, à exceção dos nove arcontes e dos prítanes por enquanto, recebendo cada um deles três óbolos por dia;[150] e todos os demais cargos públicos deviam ser confiados aos atenienses que mais pudessem pessoalmente e às suas próprias expensas servir ao Estado, não menos do que 5.000 por quanto tempo durasse a guerra; e que entre os plenos poderes delegados a esse corpo estivesse incluída a competência de celebrar tratados com quaisquer povos, segundo sua própria vontade; e que dez representantes de mais de quarenta anos fossem eleitos, tomados de cada uma das tribos, com a incumbência de compor a lista desses 5.000, isso após prestarem juramento num sacrifício sobre vítimas imaculadas.

---

148. ...ἕνδεκα... (*héndeka*): os funcionários públicos encarregados principalmente da supervisão dos cárceres e que acompanhavam e orientavam os sentenciados à morte (inclusive quanto à ingestão do veneno) nas últimas horas de vida deles. Ver Platão, Fédon, 116c-117b, em *Diálogos III*, obra publicada em *Clássicos Edipro*.
149. Ou seja, os altos funcionários do Estado.
150. Ou seja, meio dracma, valor baixíssimo, quase "simbólico".

30

Assim, os membros do comitê indicaram suas propostas. Uma vez ratificadas, os 5.000 elegeram entre si 100 homens formando um comitê com a incumbência de esboçar a Constituição. Esse comitê esboçou e publicou as recomendações a seguir: que fosse criado um Conselho, em que o mandato seria de um ano, composto de membros de mais de trinta anos de idade não remunerados; entre esses membros incluiria os comandantes militares, os nove arcontes, o *guardião dos arquivos sagrados,*[151] os comandantes de companhias, os chefes de cavalaria, os chefes das tribos, os comandantes de guarnições, os tesoureiros dos recursos sagrados da deusa,[152] os dez tesoureiros dos outros deuses, os *helenotamíadas*[153] e vinte tesoureiros de todos os fundos profanos, {que deverão administrá-los}[154] e dez encarregados dos sacrifícios e superintendentes, também em número de dez; e que o Conselho a todos esses eleja com base numa prévia lista de candidatos maior proposta pelo próprio Conselho, indicando candidatos entre seus membros na ocasião, embora todos os demais cargos devam ser preenchidos numa seleção por sorteio de candidatos não pertencentes ao Conselho; e que os *helenotamíadas*, responsáveis pela administração dos fundos, não sejam membros do Conselho. No tocante ao futuro, quatro Conselhos deviam ser criados, compostos por homens da idade anteriormente indicada,[155] sendo que para um deles, eleição por sorteio, o escolhido deverá assumir o cargo imediatamente, enquanto no caso dos outros, deverá ser aguardada a alternância dos cargos segundo a ordem definida pelo

---

151. ...ἱερομνήμονα... (*hieromnémona*), secretário vinculado a cada delegação de Estado no Conselho das anfictionias, que eram as confederações transitórias formadas entre os antigos gregos para o combate a um inimigo comum.
152. Atena.
153. ...ἑλληνοταμίας... (*hellenotamías*), funcionários responsáveis pela administração dos impostos arrecadados, em nome de Atenas, das cidades gregas aliadas, formando um fundo a custear a defesa contra o inimigo comum, ou seja, os persas. A referência aqui é a Confederação de Delos.
154. { } Provável interpolação ausente na edição de 1920.
155. Mais de trinta anos.

sorteio. E os 100[156] deverão distribuir-se e aos outros o mais igualmente possível em quatro seções, e sortear entre eles, os escolhidos mediante o sorteio constituindo o Conselho por um ano. Deviam administrar esse cargo como lhes parecesse o melhor a fim de preservar os fundos e regular seu gasto restringindo-o ao necessário, além de administrarem os demais assuntos de sua competência o melhor que pudessem; se desejassem, no trato de alguma matéria, aumentar o número dos conselheiros, cada membro poderia agregar um assistente de sua própria escolha, submetido à mesma qualificação do ponto de vista da idade. O Conselho devia realizar suas sessões de cinco em cinco dias, a menos que sessões adicionais fossem necessárias. O sorteio referente ao Conselho era para ser efetuado pelos nove arcontes; votos em torno de divisões deviam ser computados por cinco relatores sorteados entre os integrantes do Conselho, sendo que um desses era para ser escolhido por sorteio todo dia para atuar como presidente. Os cinco indivíduos em pauta ficavam incumbidos de sortear a precedência daqueles que solicitassem uma audiência do Conselho, questões religiosas tendo prioridade, seguidas do arautos, em terceiro lugar embaixadas, ficando o quarto lugar para outros assuntos; entretanto, toda vez que questões bélicas exigissem exame, os generais tinham precedência, prescindindo de sorteio. Todo membro do Conselho ausente na Sala do Conselho no horário previamente anunciado seria multado em uma dracma por dia, a menos que houvesse obtido do Conselho permissão para ausentar-se.

31

TAL CONSTITUIÇÃO FORA ESBOÇADA para os tempos vindouros. Contudo, para imediata vigência foi esboçada a seguinte: devia haver um Conselho composto de quatrocentos membros, em consonância com os regulamentos antigos, quarenta membros de cada tribo extraídos de um elenco preliminar de quaisquer indivíduos de idade superior a trinta anos sele-

---

156. Ou seja, os 100 que os 5.000 selecionaram entre si.

cionados pelos membros das tribos. Esses membros do Conselho deviam nomear os altos funcionários do Estado[157] e conceber a forma de juramento a ser prestado, além de atuar com respeito às leis, aos exames das contas dos magistrados e a outros assuntos em geral, como julgassem conveniente. Deviam, contudo, acatar as leis eventualmente promulgadas que se referiam aos negócios do Estado, não tendo eles poderes seja para alterá-las, seja para promulgar outras leis. Os comandantes militares[158] deviam, em caráter provisório, ser eleitos entre os 5.000. Entretanto, tão logo o Conselho passasse a existir, devia proceder a uma inspeção do equipamento militar, e depois disso proceder à eleição de dez indivíduos mais um secretário, os assim eleitos devendo cumprir o mandato durante o ano seguinte com plenos poderes, tendo, inclusive, caso o quisessem, o de deliberar junto ao Conselho sobre qualquer matéria. Tinham também a prerrogativa de eleger um comandante de cavalaria e dez chefes de tribo. No que dizia respeito ao futuro, o Conselho deveria eleger esses magistrados conforme as normas anteriormente estabelecidas. E nenhum dos outros magistrados, exceção feita aos membros do Conselho e os comandantes militares, e tampouco qualquer outra pessoa, podia desempenhar o mesmo cargo mais de uma vez. Quanto ao futuro, para que os Quatrocentos pudessem ser distribuídos nas quatro listas sucessivas, quando cada divisão assumisse seu turno a fim de compor o Conselho com os demais, os 100 deviam dividi-los em seções.

32

EIS AÍ A CONSTITUIÇÃO CUJO esboço fora realizado pelos 100 eleitos pelos 5.000. Tais propostas foram ratificadas pela massa da população, tendo sido submetidas à votação por Aristômaco, o Conselho existente, ou seja, aquele do ano de Cálias, sendo dissolvido[159] antes de completar

---

157. Os magistrados.
158. Generais.
159. Em 412 a.C.

seu mandato, a saber, no 14º dia do mês Targelion;[160] os Quatrocentos assumiram o cargo no 21º dia de Targelion,[161] ao passo que o Conselho escolhido por sorteio devia assumir o mandato no 14º dia do mês Ciroforion.[162] Desse modo a oligarquia foi instaurada, por ocasião do arcontado de Cálias, cerca de cem anos após a expulsão dos tiranos. Seus principais promotores foram Pisandro, Antífon[163] e Teramenes, homens de nascimento nobre e altamente reputados como detentores de saber e discernimento. Todavia, quando essa forma de governo foi instalada, os 5.000 eram apenas nominalmente escolhidos. Apesar disso, os 400, contando com o apoio dos dez com plenos poderes, ocuparam a Sala do Conselho e realmente passaram a governar o Estado. Principiaram seu governo enviando embaixadores a Lacedemônia propondo o fim da guerra nas exatas condições em que se encontravam presentemente os contendores. Como os lacedemônios recusaram a proposta, a não ser que Atenas renunciasse ao seu domínio marítimo, eles finalmente abandonaram esse projeto.

33

O GOVERNO DOS 400 DUROU CERCA de quatro meses, sendo que durante os dois primeiros meses Mnasiloco foi arconte, no ano do arcontado de Teopompo,[164] que recebeu o cargo para os dez meses restantes. Entretanto, com a derrota na batalha naval de Erétria a insurreição de toda a Eubeia, com a única exceção de Oreo, eles[165] foram atingidos por uma indignação diante desse revés que foi superior à dos desastres an-

---

160. Por volta de 31 de maio.
161. Por volta de 7 de junho.
162. Por volta de 30 de junho.
163. Antífon de Ramnonte (?480-411 a.C.), além de ativista político, sofista, orador e mestre de retórica, considerado por Tucídides, o historiador, como o primeiro orador de seu tempo.
164. Em 411 a.C.
165. Entenda-se a população ateniense em geral e não os 400.

teriores (pois naquele período recebiam mais suprimentos da Eubeia do que da própria Ática). Resultado: dissolveram os 400 e confiaram os negócios do Estado aos 5.000, que se achavam no rol dos cidadãos que possuíam armamento. Ao mesmo tempo, resolveram por votação que mais nenhum cargo público seria remunerado. Dirigindo essa dissolução[166] estavam principalmente Aristócrates e Teramenes, que não concordavam com as ações dos 400, que concentravam a administração dos negócios públicos, nada comunicando aos 5.000. A despeito de tudo isso, o Estado parece ter sido bem governado nesse período de crise, ainda que uma guerra prosseguisse e o poder político estivesse nas mãos dos que possuíam equipamento militar.

34

O POVO, PORÉM, NÃO TARDOU A retirar o poder das mãos desses homens. Assim, no sétimo[167] ano depois da derrubada dos 400, durante o arcontado de Cálias de Angele, após haver ocorrido a batalha naval de Arginusas,[168] aconteceu de os dez generais que haviam granjeado a vitória nessa batalha naval serem todos condenados por um único voto, o que sucedeu pelo fato de o povo ter sido enganado por indivíduos interessados em despertar sua indignação; a verdade é que alguns daqueles generais sequer haviam participado da batalha, ao passo que outros tinham escapado em navios que nem eram os comandados por eles. Na sequência dos eventos, na ocasião em que os lacedemônios se dispuseram a evacuar Decélia[169] na condição de ambos os contendores conservarem o que cada um então controlava,

---

166. ...καταλυσέως... (*katalyséos*), mas a palavra incorpora também a ideia específica de dissolução de um governo, ou seja, sua derrubada.
167. ...ἑβδόμῳ... (*hébdomoi*), mas há helenistas que preferem ...ἕκτῳ... (*héktoi*), sexto, por conta da exatidão cronológica.
168. Em 406 a.C. Ver Platão, Apologia de Sócrates, 32b-c, em *Diálogos III*, e Menexeno, 243c-d, em *Diálogos VI*, obras publicadas em *Clássicos Edipro*.
169. ...Δεκελείας... (*Dekeleías*), um dos demos da Ática. Isso ocorreu ainda em 406 a.C.

celebrando a paz, enquanto alguns atenienses apoiaram ansiosamente essa proposta, a massa da população não aprovou a proposta. O fato é que havia sido inteiramente enganada por Cleofonte,[170] que compareceu à Assembleia do Povo bêbado e vestido com sua couraça, acabando por impedir a celebração da paz, alegando que jamais a aceitaria a não ser que os lacedemônios abrissem mão de todas as cidades.[171] Nessa oportunidade, agiram com incompetência e não demoraram a perceber seu erro. De fato, no ano seguinte,[172] quando Alexio era arconte, amargaram o desastre da batalha naval de Egospótamos, cuja consequência foi Lisandro[173] se apoderar da cidade, tendo instalado os Trinta[174] da maneira que se segue. Uma das cláusulas do tratado de paz estipulava que o Estado fosse por eles governado de acordo com a *Constituição dos ancestrais*.[175] Em consonância com isso o partido popular empenhou-se em preservar a democracia. Os notáveis, porém, integrantes das associações políticas, bem como os exilados que já retornavam à pátria após a celebração da paz, almejavam a oligarquia; quanto aos notáveis não pertencentes às associações políticas, mas que em outros aspectos não se julgavam inferiores a quaisquer outros cidadãos, estavam interessados em restaurar a Constituição dos ancestrais. Eram integrantes desse partido Arquino, Anito, Clitofon e Fomísio, embora seu principal líder fosse Teramenes. Mas quando Lisandro se posicionou a favor do partido oligárquico, o povo sentiu-se pura e simplesmente intimidado e forçado a votar em favor da oligarquia. A proposta nesse sentido foi apresentada por Dracontides de Afidna.

---

170. O líder popular de então.
171. Ou seja, precisamente as que haviam conquistado durante a guerra.
172. Em 405 a.C.
173. General espartano.
174. ...τριάκοντα... (*triákonta*), ou seja, os trinta tiranos, que foram instalados no poder em 404 a.C., após a rendição de Atenas à Lacedemônia (Esparta).
175. ...πάτριον πολιτείαν... (*pátrion politeían*): presume-se que Aristóteles se refira à Constituição de Sólon.

35

Assim, os Trinta foram instaurados no poder no arcontado de Pitodoro. Senhores do Estado, ignoraram no seu governo a maioria das resoluções que haviam sido aprovadas com referência à Constituição. Nomeando 500 conselheiros e os demais altos funcionários públicos com base em 1.000 candidatos pré-selecionados, e fazendo sua própria escolha de dez governantes do Pireu,[176] de onze guardiões dos cárceres e de trezentos serviçais portadores de chicotes, passaram a manter o Estado sob seu controle. Inicialmente, agiram com moderação no trato dos cidadãos e simularam administrar o Estado de acordo com a Constituição dos ancestrais. Aboliram no Areópago as leis de Efialtes e de Arquestrato[177] que afetavam os areopagitas, além dos estatutos de Sólon tidos como obscuros; eliminaram o poder soberano dos juízes, alegando estarem corrigindo a Constituição e livrando-a de obscuridades. Por exemplo, tornando o testador definitivamente livre para deixar sua propriedade a quem quisesse, conferindo absoluta validade à doação; suprimindo as fatigantes qualificações em vigor, salvo em decorrência de insanidade, velhice, ou influência feminina, de modo a remover o espaço de atuação dos fraudadores. Suas ações no que se referia a outros assuntos obedeciam a uma linha semelhante. De início, portanto, ocupavam-se dessas atividades, na eliminação dos fraudadores e daqueles que se associavam de maneira indesejável ao povo lisonjeando-o e não passavam de indivíduos maldosos e patifes. Diante de tudo isso, a cidade mostrava-se muito satisfeita, no pensamento de que agiam alimentando as melhores intenções. Mas tão logo consolidaram um controle ainda mais firme do Estado, não pouparam nenhuma classe de cidadãos, condenando à morte e executando aqueles que se distinguiam seja pela riqueza, seja pelo nascimento, seja pela reputação. Com isso visavam a eliminar todos que eles tinham motivos para temer, a se somar a isso a intenção de se apoderarem de suas propriedades. Em questão de pouco tempo ceifaram a vida de não menos do que 1.500 pessoas.

---

176. Demo de Atenas e porto na parte baixa da cidade, a cerca de 8 km da acrópole.
177. Provavelmente um adepto de Efialtes.

36

ENQUANTO O ESTADO ERA ASSIM arruinado, Teramenes, lamentando o que ocorria, mantinha-se os exortando para que dessem fim à sua conduta violenta e convocassem as melhores classes para a participação no governo. Inicialmente, limitaram-se a se opor ao seu aconselhamento, mas no momento em que essas propostas começaram a ser disseminadas no seio da massa da população e a maioria começava a se predispor favoravelmente em relação a Teramenes, recearam converter-se ele num líder do povo e derrubar o governo. Providenciaram uma lista de 3.000[178] cidadãos, aos quais informaram que iriam lhes oferecer uma participação no governo. Teramenes, contudo, fez desse projeto também objeto de sua crítica, primeiramente argumentando que ainda que se mostrassem dispostos a partilhar o governo com os cidadãos respeitáveis, limitavam essa participação a 3.000 cidadãos, como se a virtude estivesse confinada a tal número; em segundo lugar, afirmava que empreendiam duas coisas totalmente incompatíveis, ou seja, enquanto faziam seu governo apoiar-se na força, apesar disso tornavam os governantes mais fracos do que os governados. Mostraram-se, entretanto, indiferentes a essas críticas, e por um longo tempo adiaram a publicação da lista dos 3.000, mantendo em segredo os nomes daqueles que haviam feito constar na lista. E mesmo quando se decidiam a publicá-la, utilizavam o expediente de apagar alguns nomes já registrados e introduzir outros que não haviam constado antes.

37

O INVERNO JÁ CHEGARA QUANDO TRASÍBULO[179] e os exilados ocuparam File.[180] A força militar que os Trinta enviaram para combatê-los sofreu

---

178. ...τρισχιλίους... (*triskhilíous*). Mas outros helenistas, diferentemente do próprio Kenyon, sugerem ...δισχιλίους... (*diskhilíous*), 2.000.
179. Novo líder dos democratas.
180. Demo da Ática.

um sério revés. Daí a decisão de desarmar o grosso da população e exterminar Teramenes da maneira que se segue. Apresentaram dois projetos de leis ao Conselho, mas com ordens expressas para que as sancionasse. Uma dessas leis conferia aos Trinta poder absoluto para executar quaisquer cidadãos que não integrassem a lista dos 3.000; a outra desqualificava para obtenção de cidadania todos os indivíduos que haviam participado da demolição do forte em Eêtioneia,[181] ou que haviam de qualquer modo se oposto aos Quatrocentos, que tinham implantado a oligarquia anterior. Realmente Teramenes incorrera nesses dois atos. Consequentemente, uma vez ratificadas essas leis, ele tanto perdeu a cidadania quanto se viu totalmente exposto a ser executado pelos Trinta. Morto Teramenes, eles procederam ao desarmamento sumário da população, excetuando os 3.000 e não se detendo doravante em matéria de crueldade e patifaria. Enviaram, inclusive, embaixadores a Lacedemônia com o fito de manchar a reputação de Teramenes e solicitar ajuda aos espartanos; em resposta ao seu pedido de apoio, os espartanos lhe enviaram Calíbio, na qualidade de chefe militar. Acompanhavam-no cerca de setecentas tropas que, chegando a Atenas, ocuparam a acrópole.

38

DEPOIS DESSES ACONTECIMENTOS, Muníquia foi tomada pelos exilados de File. Logo derrotavam a força enviada pelos Trinta para atuar na defesa; essa mesma força, após o retorno dessa perigosa expedição, reuniu-se na ágora no dia seguinte, derrubou os Trinta e escolheu dez cidadãos com plenos poderes para encerrar a guerra. Entretanto, após serem investidos desse poder, em lugar de agirem no sentido de cumprir a missão para a qual haviam sido eleitos, enviaram embaixadores à Lacedemônia solicitando ajuda e empréstimo de dinheiro. Porém, entendendo que os cidadãos achavam-se descontentes com seus atos, recearam ser depostos, o que os levou a querer aterrorizá-los (intento no qual obtiveram êxito). Prenderam

---

181. Situado no lado norte do Pireu, dominando a entrada do porto. Graças à instigação de Teramenes, mal iniciada sua construção, foi demolido.

um dos cidadãos de maior expressão, Demareto, executaram-no, ao mesmo tempo que controlavam firmemente o governo, contando, inclusive, com Calíbio e seus peloponesianos, que lhes prestavam constante apoio, no que eram auxiliados também por muitos cavaleiros. Alguns destes, de fato, entre todos os cidadãos, eram os mais interessados que os homens de File não retornassem. Entretanto, quando esse partido, que já controlava o Pireu, além de Muníquia, começava a ganhar posição de vantagem na guerra, contando com o apoio de todo o povo, os cidadãos na cidade derrubaram os dez e escolheram outros dez, considerados por eles homens de reputação ilibada. Sob essa administração ativa e zelosa ocorreram a reconciliação e a volta do povo. Os mais destacados entre eles eram Rinon do demo de Paeânia e Faílos do demo de Aquerdos. Mesmo antes da chegada de Pausânias,[182] eles haviam aberto negociações com o partido do Pireu. Depois de sua chegada, ajudaram-no zelosamente contribuindo para o retorno dos exilados. Foi Pausânias, rei dos lacedemônios, que converteu o projeto de paz e reconciliação em realidade, respaldado pelos dez mediadores que chegaram mais tarde de Esparta, para o que o próprio rei concorrera com seus esforços. Nessa ocasião Rinon e seus companheiros foram objeto de elogio devido à boa vontade que tinham demonstrado junto ao povo. E, tendo sido nomeados para o encargo de superinterder essas negociações numa oligarquia, prestaram suas contas do encargo numa democracia. Nenhuma queixa foi feita contra eles, quer daqueles que haviam permanecido na cidade, quer daqueles que tinham retornado do Pireu; na verdade, pelo contrário, Rinon foi logo eleito general por conta de sua conduta nesse encargo.

39

A RECONCILIAÇÃO SUCEDEU QUANDO Euclides era arconte[183] nos seguintes termos: que os atenienses que haviam se conservado na cidade[184] e

---

182. Rei da Lacedemônia (Esparta).
183. Em 403 a.C.
184. ...ἄστει... (*ástei*), ou seja, em Atenas, na região urbana.

que desejassem dela sair, estavam livres para se estabelecerem em Elêusis,[185] retendo seus direitos civis, na posse de poderes plenos e independentes de autogoverno, e com o completo gozo de suas propriedades pessoais. Que o templo[186] fosse um local comum para ambos os partidos e que ficasse sob a superintendência dos Arautos[187] e dos Eumólpidas,[188] em consonância com a prática dos ancestrais. Mas os habitantes de Elêusis ficavam proibidos de ingressar na cidade,[189] enquanto os habitantes da cidade ficavam proibidos de visitar Elêusis, exceto por ocasião da celebração dos mistérios. E que contribuíssem, como os demais atenienses, de sua renda privada, com o fundo para a defesa comum. E que todo aquele que fosse embora e precisasse adquirir uma moradia em Elêusis fosse auxiliado para obter o assentimento do proprietário. Na hipótese de não se conseguir um acordo mútuo, cada partido deverá contratar três avaliadores, o proprietário devendo aceitar qualquer preço indicado pelos avaliadores. E dos habitantes de Elêusis, aqueles entre os separatistas que quiserem aí permanecer, terão para isso permissão. A lista daqueles que desejarem deixar a cidade deverá ser preparada no prazo de dez dias após a prestação dos juramentos, isso no que se refere a pessoas que estão no país, além do que sua efetiva partida deverá acontecer no prazo de vinte dias; indivíduos atualmente ausentes do país estarão enquadrados nos mesmos termos depois que retornarem. Não será permitido a ninguém estabelecido em Elêusis ocupar quaisquer cargos públicos na cidade, até que se retire da lista, capacitando-se novamente a residir na cidade. E que os julgamentos por homicídio, em que um membro de um partido tenha matado ou ferido o membro do outro, sejam de acordo com a prática dos ancestrais. E que haja uma anistia geral com relação a acontecimentos do passado, atingindo todos exceto os Trinta, os Dez, os Onze e os que foram governantes do Pireu, e que mesmo esses sejam cobertos pela anistia desde que prestem suas contas. No caso dos governantes do Pireu, suas contas e explicações deverão

---

185. Cidade e demo da Ática.
186. Templo do culto a Deméter e sede dos mistérios de Elêusis.
187. ...Κήρυκας... (*Kérykas*), grupo de sacerdotes.
188. ...Εὐμολπίδας... (*Eumolpídas*), literalmente descendentes de Eumolpos, outro grupo de sacerdotes do culto a Deméter.
189. Atenas, região urbana.

ser apresentadas perante cortes no Pireu, enquanto no caso dos indivíduos da cidade {perante uma corte de pessoas capazes de produzir propriedade tributável}.[190] *Aos que não se disponham a prestar contas nesses termos, só restará partirem.*[191] E que cada partido arque separadamente com o ônus do pagamento dos empréstimos contraídos para a guerra.

40

Sendo, assim, estes os termos da reconciliação, todos os que haviam lutado ao lado dos Trinta, tomaram-se de apreensão, muitos deles pretendendo partir. Mas como adiavam a introdução de seus nomes na lista, deixando para os últimos dias, que é o costume das pessoas, Arquino, percebendo a sua quantidade, e querendo retê-los, cancelou os dias restantes para registro na lista. O resultado foi muitos serem obrigados a ficar na cidade, fazendo-o muito a contragosto, até que recobrassem a autoconfiança. Esse parece ter sido um ato marcantemente político de Arquino, como o foi também posteriormente o seu indiciamento de Trasíbulo, sob a acusação de inconstitucionalidade do decreto desse último, que concedia cidadania aos que haviam retornado conjuntamente do Pireu, alguns dos quais eram claramente escravos. E seu terceiro ato político foi realizado {*quando alguém começou a incitar o rancor contra os cidadãos que haviam retornado*};[192] ele o acusou perante o Conselho e persuadiu-o a executá-lo sem julgamento, declarando ao Conselho que lhes cabia agora demonstrar se queriam preservar a democracia e agir de acordo com os juramentos que haviam prestado. Se deixassem que esse homem escapasse, estimulariam outros a imitá-lo, enquanto se o executassem, o transformariam num exemplo para todos. E foi exatamente o que aconteceu, pois depois da execução desse homem, nunca mais alguém violou a anistia; pelo contrário, parece que os atenienses,

---

190. { } Texto duvidoso.
191. Ou: ...εἶθ' οὕτως ἐξοικεῖν τοὺς ἐθέλοντας... (*eî' hoútos exoikeîn toùs ethélontas*): ...então aqueles que assim o desejem, devem partir nesses termos... .
192. { } Edição de 1920: ...*quando um dos exilados que havia retornado começou a transgredir a anistia*... .

quer pública quer privadamente, passaram a se comportar em relação às perturbações passadas da maneira mais nobre e com a maior civilidade. Não só apagaram toda lembrança de ofensas passadas, como também restituíram aos lacedemônios os fundos que os Trinta haviam tomado emprestado para a guerra, ainda que o tratado determinasse que os partidos da cidade e do Pireu devessem proceder à restituição separadamente. Entenderam que precisavam tomar essa iniciativa no sentido de reconquistar a harmonia, enquanto em outros Estados, os responsáveis pela instauração da democracia não só nada pagam de seus próprios recursos, como também costumam empreender uma redistribuição da terra. Alcançaram igualmente a reconciliação com aqueles que haviam se instalado em Elêusis dois anos após haverem partido da cidade, o que ocorreu no arcontado de Xenaenetos.

41

Isso, entretanto, aconteceu em períodos subsequentes. Na época a que estamos nos referindo, o povo, tendo adquirido poder soberano no Estado, estabeleceu a Constituição que existe atualmente. Durante esse período Pitodoro era arconte. Tendo o povo efetuado seu retorno à cena política graças aos seus próprios esforços, parecia-lhe justo assumir o governo. Essa foi a décima primeira mudança [feita na Constituição]. A primeira mudança ocorrera quando Ion e seus companheiros congregaram a população numa comunidade, ocasião em que a população foi dividida pela primeira vez nas quatro tribos, e os reis das tribos foram nomeados. A segunda organização do governo, {*mas a primeira sucessivamente que envolveu um aspecto constitucional*},[193] foi a reforma ocorrida no tempo de Teseu, a qual diferia superficialmente da realeza. A essa se seguiu a reforma na época de Drácon, quando pela primeira vez foi redigido um código de leis. A terceira foi a que sucedeu à guerra civil no tempo de Sólon, a qual marca a origem da democracia e de seu desenvolvimento. A quarta mudança

---

193. { } Texto duvidoso.

foi constituída pela tirania de Pisístrato; a quinta correspondeu ao governo de Clístenes, que sucedeu a deposição dos tiranos e que foi mais democrática do que a de Sólon. A sexta ocorreu depois da guerra contra os persas, quando o Conselho do Areópago dirigia o Estado. A sétima, sucedendo-se à reforma esboçada por Aristides, que foi completada por Efialtes, quando ele derrubou o poder do Conselho do Areópago; durante esse período a nação, ludibriada pelos demagogos, {*cometeu muitos erros graves por causa do domínio marítimo*}.[194] A oitava consistiu na instalação dos 400, seguida pela nona, o retorno da democracia. A décima correspondeu à tirania dos Trinta e a dos Dez. A décima primeira é a que se seguiu ao retorno dos exilados de File e do Pireu; a partir de então, é a Constituição resultante dessa reforma que prevalece até hoje, incorporando continuamente acréscimos de poder do ponto de vista da massa da população. De fato, o povo assenhoreou-se de tudo, administrando tudo por decretos e sua ação nos tribunais, onde constitui o poder dominante, uma vez que inclusive os casos cujo julgamento é realizado pelo Conselho acabam nas mãos do povo. E isso parece correto, já que uns poucos são mais suscetíveis de ser corrompidos pela cobiça e a influência do que muitos. A proposta de pagar pelo comparecimento na Assembleia[195] foi inicialmente rejeitada. Entretanto, como o povo não comparecia à Assembleia, a despeito dos muitos expedientes empregados pelos prítanes para induzir a população ao comparecimento para a ratificação dos votos, Agírrio, para começar, introduziu a remuneração de um óbolo, sendo que depois dele Heráclides de Clazômenas, apelidado de o Rei, aumentou para dois, e Agírrio, novamente, para três.

42

A ATUAL FORMA DA CONSTITUIÇÃO É COMO se segue. A cidadania é acessível a indivíduos que nasceram de pais cidadãos. Esses indivíduos são

---

194. { } Texto duvidoso.
195. Ou seja, a Assembleia popular.

registrados nas listas de seus demos quando têm 18 anos de idade. Por ocasião desse registro, os membros do demo deliberam a respeito deles mediante voto sob juramento, apurando primeiramente se os candidatos parecem ter a idade determinada pela lei (se assim não lhes parecer, os candidatos voltam à condição de meninos), e em segundo lugar se o candidato à cidadania é um homem livre e de nascimento legítimo. Apurado que não se trata de homem livre, ele recorre à corte de justiça, enquanto os membros do demo apontam cinco homens entre si para atuar como seus acusadores; se a corte deliberar que ele não tem direito de registro, ele é vendido pelo Estado; se, porém, ele obtém ganho de causa, os membros do demo são obrigados a registrá-lo. Em seguida, o Conselho examina os nomes dos que foram registrados; se descobrir alguém com idade inferior a dezoito anos, os membros do demo que o registraram são multados pelo Conselho. Uma vez hajam os jovens (*efebos*)[196] passado nesse exame, seus pais fazem reuniões em suas tribos e apontam, sob juramento, três membros da tribo com mais de quarenta anos – que julgam ser os melhores e mais aptos – para que supervisionem os jovens; e desses o povo escolhe, erguendo as mãos, um de cada tribo como supervisor,[197] elegendo também entre os demais cidadãos atenienses um preceptor,[198] para o controle de todos eles. Sob a orientação dessas pessoas, os jovens (*efebos*) começam por fazer o circuito dos templos, depois do que são levados ao Pireu, onde alguns servem na guarnição de Muníquia, outros na de Acte.[199] E também escolhe[200] dois treinadores de atletismo assistidos por instrutores, para que os ensinem a luta com armamento pesado, bem como o uso do arco, do dardo e do arremesso de projéteis. Também confere uma dracma a cada um dos supervisores para rações, e quatro óbolos a cada um dos efebos; cada supervisor está incumbido de receber o pagamento dos

---

196. ...ἔφηβοι... (*épheboi*), precisamente os jovens com essa idade que, registrados pelos membros dos demos, eram submetidos a essa apuração e exame, candidatando-se à cidadania.
197. ...κοσμητήν... (*kosmetés*): atuava geralmente nos ginásios cuidando da disciplina dos jovens. Mas aqui o sentido é mais restrito: desempenhavam essa função durante o processo de aquisição de cidadania por parte dos efebos.
198. ...σωφρονιστήν... (*sophronistén*).
199. ...Ἀκτή... (*Akté*), promontório ao sul da entrada do Pireu.
200. Ou seja, o povo escolhe.

que pertencem à sua própria tribo, realizando a compra de provisões para todos em comum (fazem refeições comuns por tribos) e zela por tudo o mais. Esse é seu modo de vida durante o primeiro ano. No ano seguinte, após uma exibição de suas habilidades marciais diante do povo, uma assembleia é realizada no teatro e os efebos recebem um escudo e uma espada do Estado; passam, então, a servir em patrulhas que atuam na região rural e consomem seu tempo nos fortes. Esse seu serviço como patrulheiros é prestado por dois anos. Um casaco militar é seu uniforme. Gozam da isenção de todos os impostos, bem como não podem ser processados legalmente e processar os outros, no que se objetiva não terem desculpa para solicitarem licença para se ausentarem; aqui há as exceções referentes aos casos que envolvem propriedades, herança ou qualquer questão sacerdotal associada à família. Transcorridos esses dois anos, passam a ser cidadãos.

43

TAIS SÃO OS PROCEDIMENTOS NO QUE DIZ respeito ao registro para a aquisição da cidadania e ao treinamento dos efebos.[201] Todos os altos funcionários encarregados da administração regular são escolhidos por sorteio, salvo o tesoureiro dos fundos militares, os controladores do fundo para os espetáculos e o superintendente das fontes. Esses altos funcionários são eleitos pelo voto ostensivo pelas mãos e seu mandato dura de uma Panateneia à outra.[202] Todos os oficiais militares também são eleitos pelo voto ostensivo pelas mãos.

Quanto ao Conselho, é eleito por sorteio e composto de 500 membros, 50 de cada tribo.[203] O posto de prítane é ocupado por cada tribo alternadamente, segundo uma ordem estabelecida por sorteio; as primeiras quatro

---

201. Com esta sentença a edição de 1920 termina o capítulo 42.
202. Quatro anos.
203. Entenda-se daqui por diante Conselho como precisamente o Conselho dos Quinhentos, o senado.

administram cada uma por 36 dias, enquanto as seis últimas por 35, visto que o cômputo é feito por anos lunares. Aqueles entre eles que atuam como prítanes começam por fazer refeições em comum na Rotunda;[204] recebem uma quantia do Estado e convocam reuniões do Conselho e do povo, o Conselho realmente se reunindo todos os dias exceto feriados, ao passo que o povo se reúne quatro vezes em cada pritania. Também constitui função dos prítanes proceder a um aviso por escrito do assunto a ser tratado pelo Conselho, da agenda diária e do lugar de reunião. Também produzem aviso por escrito com relação às reuniões da Assembleia.[205] Uma dessas, {*em cada pritania*}[206] é chamada de reunião soberana, na qual se ratifica a permanência dos magistrados em seus mandatos caso se considere que os cumprem bem, tratando-se também da questão do abastecimento alimentar e daquela da defesa da região rural do país; nesse dia, são dadas informações por aqueles que desejam fazê-lo, listas de propriedades confiscadas pelo Estado são lidas, bem como requerimentos pleiteando heranças e direitos de herdeiras únicas, de modo que todos fiquem a par de qualquer vacância de propriedade ocorrida. Na sexta pritania, além do assunto em pauta, acontece a votação relativa à questão de ser desejável ou não efetuar um ostracismo, e são apresentadas informações preliminares contra indivíduos acusados de fraude, cidadãos atenienses e metecos,[207] até o número não superior a três de uma ou outra classe, somado a acusações de não cumprimento de promessas feitas ao povo. Uma outra reunião {*em cada pritania*}[208] é destinada à audiência de petições, na qual todos que o quiserem, após depositarem o ramo de oliveira dos suplicantes,[209] podem dirigir-se ao povo acerca de qualquer matéria, de caráter público ou privado. As duas reuniões restantes são dedicadas a todos os outros assuntos, ainda que as leis determinem que tratem de três matérias de cunho religioso, três relativas a arautos e embaixadas e três matérias de caráter secular. Às vezes, matérias são apresentadas sem um voto

---

204. ...θόλῳ... (*thóloi*), edifício localizado a nordeste do Areópago.
205. Assembleia do povo.
206. { } Presente somente na edição de 1920.
207. ...μετοίκων...(*metoíkon*), estrangeiros residentes em Atenas.
208. { } Edição de 1920.
209. ...ἱκετηρίαν... (*hiketerían*), depositado num altar presente no local da reunião.

preliminar. Arautos e embaixadores têm precedência para se apresentarem perante os prítanes e as cartas são entregues aos prítanes por seus portadores.

44

Os PRÍTANES TÊM UM ÚNICO CHEFE escolhido por sorteio, o qual preside por uma noite e um dia, não podendo fazê-lo por mais tempo nem presidir uma segunda vez. Ele atua como guardião das chaves dos templos que alojam o dinheiro e os documentos do Estado, e também do selo público; e dele é exigida, ademais, a permanência na Rotunda, juntamente com um terço dos prítanes, que são por ele indicados. Todas as vezes que os prítanes convocam uma reunião do Conselho ou do povo, ele escolhe por sorteio nove *proedros*, um procedente de cada tribo exceto daquela que está presidindo e, novamente, a partir deles um único chefe, entregando a eles a agenda das reuniões; e após recebê-la asseguram a preservação da ordem, apresentam o assunto a ser tratado, atuam como relatores, encaminham todos os demais assuntos em geral e estão capacitados a dar encerramento à reunião. Não é permitido que alguém se torne chefe mais de uma vez por ano, embora lhe seja permitido ser um *proedro* por uma vez em cada pritania.

Também é da competência deles as eleições de generais, de comandantes de cavalaria e de outros oficiais militares na Assembleia da maneira, seja qual for, que pareça satisfatória ao povo; tais eleições são realizadas depois da sexta pritania pelo primeiro quadro de prítanes em cujo encerramento de mandato os augúrios sejam favoráveis. Essa matérias requerem igualmente uma resolução preliminar do Conselho.

45

O CONSELHO OUTRORA ERA SOBERANO para proferir sentenças de multa, de encarceramento e de morte. Contudo, quando o Conselho confiou Lisímaco ao carrasco público e este, já na expectativa da morte, foi salvo por Eumelides de Alopece, declarando Eumelides que nenhum cidadão deveria ser condenado à morte exceto com base na decisão de um tribunal e Lisímaco foi absolvido precisamente num tribunal (ganhando então a alcunha de 'o homem que escapou do golpe'), o povo destituiu o Conselho do poder de sentenciar à morte, ao aprisionamento e de impor multas, sancionando uma lei segundo a qual todos os veredictos de culpado e punições determinados pelo Conselho tinham obrigatoriamente que ser submetidos ao tribunal pelos *propositores das leis*,[210] e que a decisão do júri era a soberana.

Na maioria dos casos, os julgamentos de altos funcionários são conduzidos pelo Conselho, especialmente os magistrados que administram dinheiro. Entretanto, o veredicto do Conselho não é soberano e final, estando sujeito a ser contrariado pelo recurso ao tribunal. Pessoas da esfera privada têm igualmente o direito de denunciar qualquer alto funcionário, se assim o quiserem, por procedimento ilegal. Mas também nesses casos, supondo que o Conselho profira um veredicto de culpado, há a possibilidade de recorrer aos tribunais.

Também compete ao Conselho examinar as qualificações dos conselheiros que irão cumprir mandato no ano seguinte, bem como as dos nove arcontes. Outrora o Conselho era dotado de poder soberano para rejeitá-los, se os julgasse desqualificados; hoje, porém, se isso ocorre, há a possibilidade de recorrer ao tribunal.

Nesses assuntos, portanto, o Conselho não é soberano, mas delibera previamente sobre as matérias antes de serem encaminhadas à Assembleia, não podendo esta sancionar quaisquer medidas que não hajam passado anteriormente pela deliberação do Conselho e antecipadamente publicadas por escrito pelos prítanes; de fato, aquele que encaminhar uma proposta nessas condições na Assembleia fica sujeito a um indiciamento por procedimento ilegal.

---

210. ...θεσμοθέτας... (*thesmothétas*).

46

OUTRA FUNÇÃO DO CONSELHO É A INSPEÇÃO das trirremes já existentes, incluindo sua equipagem e abrigos, além de ser responsável pela construção (incluindo equipagem e abrigos) de novas trirremes ou quadrirremes, em conformidade com o que foi votado na Assembleia. Entretanto, é o povo em Assembleia que elege por votação os construtores navais; e se o Conselho que termina seu mandato não entregar essas obras completas ao Conselho seguinte, seus membros estarão impedidos de receber a doação, que é normalmente oferecida quando o novo Conselho já cumpre seu mandato. No tocante à construção das trirremes, ele escolhe dez homens entre seus próprios membros para que atuem como comissários. O Conselho também inspeciona todos os edifícios públicos e se lhe parece que alguém é negligente, comunica a seu respeito à Assembleia, e caso obtenha uma condenação da pessoa, entrega-a a um tribunal.

47

O CONSELHO, INCLUSIVE, COMPARTILHA DA administração de outras magistraturas na maioria de seus assuntos. Para começar temos os dez tesoureiros de Atena, eleitos por sorteio, um de cada tribo e provenientes da classe mais elevada, isto conforme a lei de Sólon (ainda vigente), embora na prática a pessoa sorteada assuma e cumpra seu mandato, a despeito de ser decididamente pobre. Na presença do Conselho, eles assumem a custódia da estátua de Atena e das Vitórias,[211] além daquela dos demais ornamentos e do dinheiro do templo.

Temos então os dez encarregados da rendas públicas, escolhidos por sorteio um de cada tribo. Eles dão em arrendamento todos os contratos públicos e arrendam as minas e os impostos em conjunto com o tesoureiro dos

---

211. ...Νίκας... (*Níkas*), imagens de ouro mantidas no templo de Atena, ou seja, no Partenon.

fundos militares e os eleitos com a função de superintender o fundo dos espetáculos, na presença do Conselho; e para as pessoas apontadas pelo voto do Conselho eles ratificam a compra das minas liberadas pelo Estado, nas quais estão incluídas tanto as exploráveis, arrendadas por três anos, quanto as que são locadas segundo cláusulas especiais por dez[212] anos. Na presença do Conselho, eles vendem numa reunião os bens de pessoas exiladas por condenação do Areópago e de outras {*cujos bens foram confiscados*}.[213] Nesse caso, porém, os contratos de venda são ratificados pelos nove arcontes. Também elaboram e entregam ao Conselho uma lista dos impostos que foram arrendados durante o ano, sendo registrado em lousas branqueadas o nome do arrendatário e a quantia paga. Elaboram igualmente dez listas separadas dos que estão obrigados a pagar em cada pritania, além de listas separadas daqueles obrigados a pagar três vezes por ano, sendo produzida uma lista para cada data de pagamento de prestação, além de uma separada daqueles obrigados a pagar na nona pritania. Também elaboram um rol das propriedades rurais e habitações que foram confiscadas e vendidas por determinação dos tribunais; de fato, essas vendas também são da competência deles. No caso das habitações, seu pagamento tem que ser efetuado em cinco anos, ao passo que naquele das propriedades rurais, dentro de dez anos. E essas prestações de pagamentos são feitas na nona pritania. Adicionalmente, o arconte-rei apresenta os arrendamentos dos recintos sagrados, sua lista sendo registrada em lousas branqueadas. Também eles são arrendados por dez anos, a locação sendo paga na nona pritania, daí ser nessa pritania que uma renda muito grande é colhida. Embora as lousas com os registros das listas de pagamentos sejam apresentadas ao Conselho, ficam sob a guarda do escriturário público. Toda vez que uma prestação do pagamento é efetuada, ele retira dos compartimentos a lista específica das quantias que devem ser pagas e apaga o registro naquele dia, entregando-a em seguida aos recebedores. O restante das lousas é guardado separadamente, de modo que nenhuma soma a pagar seja apagada antes de ser paga.

---

212. Na *editio princeps* há um problema aqui quanto ao número. Na edição de 1920 é resolvido.

213. { } Acrescido na edição de 1920.

48

TEMOS DEZ RECEBEDORES ELEITOS POR SORTEIO, um de cada tribo; estão encarregados de receber as lousas e apagar os valores já pagos na presença do Conselho na Sala do Conselho, depois do que devolvem as lousas ao escriturário público; todos aqueles que se omitem em um pagamento, são indicados nelas e ficam obrigados a pagar o dobro do valor em débito, na falta do que são aprisionados. O Conselho está investido de pleno poder, que lhe é conferido pela lei, tanto para impor esse pagamento dobrado quanto para realizar o aprisionamento. Recebem, portanto, no primeiro dia, os pagamentos e repartem o dinheiro entre os magistrados; no segundo dia, apresentam o relatório da partilha, inscrito numa lousa e leem-no em voz alta na sala do Conselho, além do que indagam publicamente no Conselho se alguém está ciente de alguma prática contrária à justiça no que se refere à partilha, envolva isso um alto funcionário público ou uma pessoa de vida privada; e no caso de detectar-se alguém que haja incorrido nessa prática, eles procedem à votação.

Também elege o Conselho mediante sorteio dez indivíduos de seu próprio corpo como auditores, com a função de examinar as contas dos magistrados de cada pritania. Elege igualmente e também por sorteio dez verificadores,[214] um de cada tribo, mais dois assessores para cada verificador, cujo dever consiste em ter assento nas reuniões das tribos em consonância com o herói do qual a tribo extrai seu nome; e se alguém quer apresentar uma acusação, de caráter privado ou público, contra qualquer alto funcionário que haja prestado suas contas ao tribunal, no prazo de três dias a partir do dia em que prestou tais contas, registra seu nome, o do acusado e o delito de que o acusa numa lousa branqueada, acrescentando um valor de multa que julga adequado, e entrega-a ao verificador;

---

214. A diferença principal entre os auditores (λογιστάς [*logistás*]) e os verificadores (εὐθύνους [*euthýnous*]) era que os primeiros examinavam as contas dos magistrados que estavam encerrando seus mandatos, inclusive tendo estes o prazo máximo de trinta dias para apresentar essas contas, sob pena de serem processados, enquanto os segundos examinavam as contas dos magistrados durante o mandato destes.

quanto a este, recebe-a, lê seu conteúdo e, caso considere haver consistência na acusação, transfere-a – se tratar-se de um caso privado – aos júris locais dos demos, isto é, os júris que apresentaram a tribo em pauta; se um caso público, oferece aos propositores de leis que, por sua vez, se a aceitarem, expõem mais uma vez as contas do magistrado acusado ao tribunal, o veredicto dos jurados sendo então final.

49

Outra tarefa do Conselho é inspecionar os cavalos de batalha. Se for descoberto que um homem que tem consigo um bom cavalo o mantém em mau estado, ele será multado pelo Conselho numa quantia correspondente ao custo de sua ração; por outro lado, cavalos que se revelam incapazes de conservar o passo com o grupo, que se assustam regularmente e que não se mantêm estáveis, serão marcados pelo Conselho com o sinal de uma roda na queixada, o que significa que foram reprovados na inspeção. O Conselho também inspeciona os cavaleiros do ponto de vista da aptidão como batedores, e qualquer um por ele rejeitado, fica privado de seu cavalo. Também inspeciona os soldados de infantaria que combatem entre as fileiras da cavalaria, e qualquer um por ele rejeitado cessa de receber seu soldo. O alistamento dos cavaleiros é levado a cabo pelos dez comissários de alistamento que são eleitos pelo povo; e eles transferem os nomes de todos que alistam aos comandantes de cavalaria e aos chefes de tribos, que encaminham a lista ao Conselho. E descerrando a lousa que tem inscritos os nomes dos cavaleiros, eliminam aqueles entre os anteriormente alistados que solicitam, sob juramento, isenção do serviço a cavalo por razão de incapacidade física; em seguida, convocam os alistados e dispensam todos os que alegam, sob juramento, ser fisicamente incapazes para o serviço a cavalo ou não disporem de recursos para tanto. Quanto aos que não solicitam isenção, os conselheiros decidem mediante voto a respeito de sua aptidão ou não para o serviço a cavalo; e se votam a favor de sua aptidão, são inscritos na lousa; se não, são dispensados.

Outrora o Conselho também costumava deliberar {*sobre os projetos de edifícios públicos*}[215] e sobre os padrões para a *vestimenta*.[216] Entretanto, isso é atualmente incumbência de um corpo de juízes escolhidos por sorteio, uma vez que se considerou que em sua deliberação, o Conselho demonstrava favoritismo. E o Conselho divide com o tesoureiro dos fundos militares a superintendência da construção das imagens das Vitórias e da confecção dos prêmios para os Jogos durante as Panateneias.

Cabe igualmente ao Conselho inspecionar os incapacitados. Há, de fato, uma lei que estabelece que pessoas que possuem menos de 3 minas e estão incapacitadas, devido à deficiência física, de executar qualquer trabalho, devem ser objeto de inspeção pelo Conselho, que deve conceder a cada uma delas uma pensão alimentícia, às expensas do Estado, de 2 óbulos por dia. E há um tesoureiro, eleito por sorteio, responsável pelo dinheiro relativo a essas pessoas.

O Conselho também coopera na administração da maioria dos encargos das outras magistraturas.

50

São essas, portanto, as funções do Conselho.[217] Temos também dez homens eleitos por sorteio como restauradores dos templos. Eles sacam 30 minas dos recebedores para o reparo dos templos que mais o necessitam; e temos também os dez *encarregados do policiamento da cidade*,[218] cinco administrando no Pireu e cinco na cidade alta; sua competência inclui a supervisão das flautistas, harpistas e citaristas, impedindo que sejam con-

---

215. { } Somente na edição de 1920.
216. ...πέπλον... (*péplon*), ou seja, a vestimenta tecida para Atena por ocasião de todas as Panateneias.
217. Edição de 1920: ...*com isso finda a lista das funções desse corpo...*, onde é a última sentença do capítulo 49 e não a primeira do 50.
218. ...ἀστυνόμοι... (*astynómoi*).

tratadas por remuneração superior a 2 dracmas; em caso, inclusive, de vários indivíduos desejarem contratar a mesma moça, esses magistrados realizam um sorteio entre eles, liberando a moça para contratação pelo sorteado. Mantêm vigilância visando a impedir que aqueles que coletam excrementos não os depositem a 10 estádios[219] dos muros da cidade; impedem que os indivíduos produzam bloqueios nas ruas por meio da construção irregular, que produzam barreiras por meio delas e que instalem encanamentos elevados com drenagem para as ruas, ou que tenham portas que abrem para fora; são também responsáveis pela remoção e sepultamento dos cadáveres daqueles que morrem nas ruas, contando com escravos do Estado para essa atividade.

51

TAMBÉM *encarregados do policiamento da ágora*[220] são eleitos por sorteio, cinco para o Pireu, cinco para a cidade alta. A eles é atribuída pelas leis a superintendência de todo tipo de mercadorias, objetivando impedir a venda de artigos adulterados e espúrios.

São também escolhidos por sorteio os dez *controladores dos pesos e medidas*, cinco para a cidade alta e cinco para o Pireu, responsáveis pela supervisão de todos os pesos e medidas, para que os vendedores empreguem pesos e medidas justos.

Havia outrora dez *guardiões do trigo*[221] eleitos por sorteio, cinco para o Pireu e cinco para a cidade alta; atualmente, contudo, há vinte para a cidade alta e quinze para o Pireu. Suas obrigações incluem, para começar, a fiscalização para que o trigo não triturado no mercado seja vendido a um preço justo; em seguida, para que os moleiros vendam farinha de cevada a um preço proporcional ao da cevada e para que os padeiros vendam os

---

219. Cerca de 2 km.
220. ...ἀγορανόμοι... (*agoranómoi*).
221. ...σιτοφύλακες... (*sitophýlakes*). Σῖτος (*Sîtos*) designa especificamente o trigo, mas também menos restritamente, embora principalmente o trigo, cereais semelhantes, como a cevada. Genericamente, significa todo alimento sólido.

pães a um preço proporcional ao do trigo e no peso estabelecido pelos magistrados, visto que a lei exige que eles fixem o padrão do peso.

Temos dez superintendentes do comércio marítimo, que são eleitos por sorteio, e cuja função é fiscalizar os mercados do porto e obrigar os comerciantes a trazer à cidade dois terços do trigo proveniente do transporte marítimo que chega ao mercado de trigo.

52

TAMBÉM OS ONZE SÃO ELEITOS POR sorteio com o encargo de cuidar dos prisioneiros no cárcere. Ladrões em geral, sequestradores[222] e ladrões de vestimentas que são conduzidos a eles, e que confessam seus crimes, são punidos com a morte. Se, entretanto, negam os crimes de que são acusados, cabe aos Onze conduzi-los ao tribunal; se absolvidos, os Onze devem libertá-los, se não, cuidar de sua execução. Outra função dos Onze é apresentar aos tribunais listas de propriedades rurais e habitações reivindicadas como propriedade do Estado e entregar aos encarregados das rendas públicas aquelas cujo confisco foi decidido. Outra função ainda dos Onze é reunir informações {*em torno dos magistrados alegadamente desqualificados*}.[223] Essa função está em sua esfera, embora em alguns desses casos sejam os propositores de leis que reúnem tais informações.

Há também, eleitos por sorteio, cinco introdutores, um para cada par de tribos, que são responsáveis pelo encaminhamento dos casos a serem julgados em um mês. Esses casos incluem demandas por não pagamento de dote, ações para a recuperação de empréstimos feitos ao juro de uma dracma, e empréstimos de capital para início de negócios no mercado realizados entre partes; e que se acresçam ações por agressão, relativas a negócios envolvendo empréstimos entre amigos, a parcerias, à escravização, às bestas de carga, ao comando naval e aos bancos. São esses os magistrados, portanto, que con-

---

222. ...ἀνδραποδιστάς... (*andrapodistás*): eram os indivíduos que reduziam pessoas livres à escravidão geralmente com o intuito de vendê-las no mercado de escravos.
223. { } Somente na edição de 1920.

duzem esses processos ao tribunal para terem uma solução no prazo de um mês. São, entretanto, os recebedores que resolvem casos a favor ou contra arrendadores de impostos, tendo eles autoridade de lidar sumariamente com casos que envolvem quantias de até 10 dracmas, enquanto nos demais devem conduzi-los ao tribunal na qualidade de casos de um mês.

53

Os Quarenta são também eleitos por sorteio, vindo quatro de cada tribo. É perante esses magistrados que os demandantes devem conduzir todos os outros casos. Eram outrora trinta e circulavam entre os demos julgando os casos, mas a partir da oligarquia[224] dos Trinta foram aumentados para quarenta. Seu poder de julgamento é sumário em casos cujo valor envolvido não supera 10 dracmas; quanto aos processos que implicam valores superiores a esse, transferem-nos aos arbitradores. Tendo os arbitradores assumido esses casos, na hipótese de não conseguirem levar as partes em conflito a um acordo, proferem um julgamento; se ambas as partes ficarem satisfeitas com o julgamento e se conformarem a ele, o processo é encerrado. Se, todavia, uma das duas partes [insatisfeita e inconformada] recorrer ao tribunal, os arbitradores colocarão os testemunhos, os autos do processo e as leis que o afetam em urnas, o pertinente ao demandante em uma, o pertinente ao acusado em outra, e selam-nas, juntando a ambas uma cópia da decisão do arbitrador, inscrita numa tabuinha. Finalmente, passam tudo à custódia dos quatro juízes que acolhem os casos da tribo do acusado.

Após o ter recebido, apresentam-no ao tribunal, a um júri de 201 membros em casos que envolvam reivindicações de até o valor de 1.000 dracmas, ou a um júri de 401 membros em casos daquelas que envolvam valor superior a esse. É vedado aos litigantes fazer uso de leis, ou de citações para produção de testemunhos ou de evidências salvo as aduzidas pelo arbitrador,

---

224. Entenda-se literalmente no sentido puramente quantitativo: governo de poucos por contraposição ao governo de muitos (democracia). Qualitativamente, o governo dos Trinta foi uma tirania.

e que foram encerradas nas urnas. Pessoas de sessenta anos podem atuar como arbitradores como fica claro nas disposições dos arcontes e dos epônimos; entre os epônimos há os dez que conferem seus nomes às tribos e os quarenta e dois dos anos de serviço militar. Os efebos, ao serem inscritos, eram antes registrados em lousas branqueadas, e acima deles o arconte durante o mandato do qual haviam sido inscritos e o epônimo entre os que tinham sido arbitradores no ano anterior; agora, contudo, são registrados numa estela de bronze e esta é instalada diante da Sala do Conselho ao lado da lista dos epônimos. Os quarenta tomam o último dos epônimos e passam à distribuição dos casos de arbitração entre aqueles de seu ano, designando por sorteio os casos que cada um deverá arbitrar; cada um está obrigado a completar a arbitração dos casos que lhe foram destinados por sorteio, uma vez que a lei determina a privação dos direitos civis de todo aquele que não se torna arbitrador quando atinge a idade apropriada, a não ser que aconteça de estar ocupado com algum outro cargo naquele ano ou estiver no estrangeiro, sendo esses os únicos motivos para isenção. Quem quer que tenha sido objeto de injustiça por parte do arbitrador pode recorrer aos arbitradores e indiciá-lo, as leis determinando a perda dos direitos civis do arbitrador julgado culpado. Mas também os arbitradores podem recorrer. Os epônimos são igualmente empregados na regulação das expedições militares; quando soldados de uma certa idade são enviados numa expedição, um aviso é afixado indicando de que arconte e epônimo até que arconte e epônimo os soldados devem partir para participar da expedição.

54

TAMBÉM ESCOLHEM POR SORTEIO os magistrados a seguir: cinco comissários de estradas[225] que, com um corpo de escravos públicos, estão incumbidos da manutenção das estradas; e dez auditores acompanhados de dez assistentes, aos quais devem necessariamente prestar contas todos

---

225. ...ὁδοποιούς... (*hodopoioús*), literalmente abridores, construtores de estradas.

os magistrados que acabaram de cumprir o mandato. Esses são os únicos magistrados que fazem a auditoria das contas de magistrados sujeitos a exame e que apresentam relatórios delas aos tribunais. Sendo por eles provado que um magistrado cometeu peculato, o júri o condena por furto a pagar uma multa correspondente a dez vezes o valor por ele desviado; e se provam que alguém aceitou subornos, sendo este condenado pelo júri por corrupção, estimam o valor dos subornos, a multa a ser paga também correspondendo a dez vezes tal valor; mas se a culpa provada por eles é de má administração, após estimarem o prejuízo, a multa a ser paga é unicamente a do valor do prejuízo, desde que paga antes da nona pritania; se assim não acontecer, o valor será dobrado. Contudo, uma multa correspondente a dez vezes o valor não é dobrada.

Escolhem igualmente por sorteio o magistrado denominado escrivão[226] da pritania, responsável pelos documentos públicos, mantenedor dos decretos aprovados, supervisor da transcrição de todos os demais documentos e quem comparece às sessões do Conselho. Esse magistrado era anteriormente escolhido pelo voto ostensivo mediante erguer das mãos, e era habitual os homens mais ilustres e confiáveis serem eleitos; de fato, o nome desse magistrado aparece inscrito em colunas monumentais registrando tratados de alianças e concessões do cargo de proxeno[227] e de cidadania. Agora, entretanto, foi transformado num cargo ocupado por alguém escolhido por sorteio. Também elegem mediante sorteio a se somar a esse um superintendente das leis, o qual assiste às sessões do Conselho e também tem em seu poder cópias de todas as leis. Também o povo elege erguendo as mãos um secretário cuja função é ler documentos para a Assembleia e o Conselho; sua função é exclusivamente essa de leitor.

Igualmente elege por sorteio os dez encarregados dos sacrifícios,[228] que detêm o título de superintendentes das expiações, os quais oferecem os

---

226. ...γραμματέα... (*grammatéa*).
227. ...προξενίαις... (*proxeníais*), aqui especificamente cargo honorífico concedido pelo Estado ateniense a um cidadão de outro Estado que representava os interesses de Atenas nesse outro Estado.
228. ...ἱεροποιούς... (*hieropoioús*), um por tribo: sua função era cuidar dos sacrifícios e dos ritos religiosos.

sacrifícios indicados pelos oráculos e, em conjunto com os intérpretes de oráculos recebem os bons auspícios. Também elege por sorteio outros dez chamados de superintendentes anuais, responsáveis pela realização de certos sacrifícios e a administração de todos os festivais celebrados de cinco em cinco[229] anos com exceção das Panateneias. Uma das festas de cinco em cinco anos é a de Delos[230] (havendo também aí um festival de sete em sete anos), uma segunda é as Braurônias,[231] uma terceira as Heracleias,[232] uma quarta as Eleusinias;[233] uma quinta é as Panateneias, mas que não são realizadas no mesmo ano das outras. Atualmente, no arcontado de Cefisófon, foram acrescentadas as festas de Hefaístos.

Também é eleito por sorteio um arconte para Salamina[234] e um chefe de demo para o Pireu,[235] que realizam as festas de Dionísio em cada um desses lugares e apontam chefes de coro; o nome do arconte em Salamina é registrado numa inscrição.

55

Esses magistrados, portanto, são escolhidos por sorteio e seu poder é exercido sobre tudo o que foi indicado. No tocante aos magistrados denominados como os nove arcontes, o modo como eram originalmente

---

229. ...πεντετηρίδας... (*penteterídas*), mas leia-se de quatro em quatro anos.
230. Uma das ilhas Cíclades no mar Egeu, a leste do Peloponeso e da Ática. Leia-se novamente *de quatro em quatro anos*.
231. ...Βραυρώνια... (*Braurónia*), festas celebradas em honra de Ártemis em Brayron, na Ática. Onde se lê ...de sete em sete anos... (ἑπτετηρίς [*hepteterís*]), leia-se *de seis em seis anos*.
232. ...Ἡράκλεια... (*Herákleia*), festas celebradas em honra de Héracles.
233. ...Ἐλευσίνια... (*Heleusínia*), festas celebradas em Elêusis (cidade e demo da Ática) em honra de Deméter.
234. ...Σαλαμῖνα... (*Salamîna*), ilha do golfo Sarônico, a sudoeste de Atenas.
235. ...Πειραιέα... (*Peiraiéa*), região portuária de Atenas na cidade baixa e um dos portos de Atenas.

instituídos já foi indicado.²³⁶ Atualmente,²³⁷ entretanto, seis legisladores, incluindo seu escrivão, são escolhidos mediante sorteio, bem como um arconte, um rei e um senhor da guerra, alternadamente de cada uma das tribos. São primeiramente submetidos a exame pelo Conselho dos Quinhentos, do que é isentado o escrivão, que é examinado apenas num tribunal, como o são os outros magistrados (uma vez que todos eles – os escolhidos por sorteio e os escolhidos pelo erguer das mãos, são submetidos a exame antes de assumirem seus cargos), enquanto os nove arcontes, depois de serem examinados no Conselho, o são novamente num tribunal. No passado qualquer magistrado reprovado pelo Conselho não assumia o posto. Agora, contudo, é possível recorrer ao tribunal, cabendo a este a decisão final no que respeita à qualificação. No exame para qualificação, as primeiras perguntas são as seguintes: "Quem é teu pai e a que demo pertence? Quem é o pai de teu pai? Quem é tua mãe? Quem é o pai de tua mãe e a que demo ele pertence?" Na sequência lhe é perguntado se possui um Apolo ancestral e um Zeus protetor da casa e onde seus altares estão localizados; em seguida, se possui túmulos da família e sua localização; depois, se dispensa um bom tratamento aos seus pais, se paga seus impostos e se prestou o serviço militar. Feitas essas perguntas, o magistrado examinador diz: "Chama as testemunhas para essas declarações." Apresentadas as testemunhas, o examinador prossegue: "Deseja alguém fazer uma acusação contra este homem?" Alguém se manifestando como acusador, ele dá a palavra a este e posteriormente ao homem em julgamento para sua defesa, e em seguida passa a questão ao Conselho para que aprove ou reprove o candidato abertamente pelo movimento das mãos ou ao tribunal para que decida mediante voto depositado em urna; se ninguém deseja acusá-lo, o examinador procede imediatamente à votação. Antes um único indivíduo depositava o voto na urna, mas atualmente todos são obrigados a fazê-lo, de modo que se algum candidato desonesto houver *se livrado de seus acusadores*,²³⁸ caberá aos membros do júri desqualificá-lo. Tendo sido o exame assim concluído, dirigem-se à pedra sobre a qual se encontram as partes

---

236. Nos capítulos 3, 8, 22 e 26.
237. Século IV a.C.
238. Ou melhor: *subornados seus acusadores para se livrar das acusações.*

das vítimas para sacrifício (a mesma diante da qual os arbitradores prestam juramento antes de pronunciarem suas decisões, e diante da qual os indivíduos intimados como testemunhas juram não ter nenhum testemunho a fazer), nela sobem e juram que agirão em seu cargo com justiça e de acordo com as leis, que não aceitarão presentes em conexão com o cumprimento de seus deveres, e que se assim fizerem, erigirão uma estátua de ouro. Feito esse juramento, deixam a pedra e rumam para a acrópole, onde repetem o juramento; depois disso eles assumem seus cargos.

56

O ARCONTE, O REI E O SENHOR DA GUERRA escolhem cada um para si dois assessores. Embora seja uma escolha pessoal, são examinados pelos membros do tribunal antes de assumirem suas funções, sendo chamados a fazerem prestação de contas no término do desempenho de suas funções.

Logo que assume seu cargo, o arconte começa por proclamar que todos manterão até o fim de seu mandato as posses e poderes de que dispunham previamente à sua admissão no cargo. Em seguida ele aponta três chefes de coro para as tragédias, que são os três homens mais abastados entre todos os atenienses. No passado ele costumava também apontar cinco para as comédias, mas atualmente são as tribos que os fornecem para as comédias. Depois, ele recebe os chefes de coro nomeados pelas tribos para as competições dos homens e dos meninos e as comédias nas festas de Dionísio, e para homens e meninos nas festas de Apolo e Ártemis (nas festas de Dionísio um coro para cada tribo, mas naquelas de Apolo e Ártemis um para duas tribos, cada tribo por seu turno o fornecendo); e se ocupa de suas reivindicações de substituição por permuta de propriedades, além de apresentar suas reivindicações de isenção sob o fundamento de já haver prestado esse serviço público, ou de haver prestado um outro serviço, não tendo o período de isenção ainda expirado, ou de não ter a idade correta (de fato, um homem servindo como chefe de coro para os meninos deve necessariamente ter mais de quarenta anos). Ele igualmente nomeia chefes de coro para Delos e um chefe de procissão para o navio de trinta remos que transporta os jovens. Outra função sua é supervisionar as procissões, quer aquela em honra de Asclépios em que os iniciados mantêm uma noite de vigilância, quer aquela nas grandes festas de Dionísio, nesta última atuando ele em conjunto com os supervisores. Estes eram inicialmente dez eleitos por votação aberta na Assembleia do povo, arcando eles próprios com as despesas da procissão. Atualmente, porém, são escolhidos mediante sorteio, provindo um de cada tribo, e o Estado contribui com cem minas para as despesas. Também cabe a ele a supervisão da procissão das festas de Apolo e Ártemis, bem como daquela em honra de Zeus Salvador. Também administra a competição que ocorre nas festas de Dionísio e nas de Apolo e Ártemis. Tais são as festas supervisionadas por ele. As ações legais criminais e civis que são apresentadas a ele e que, após uma investigação preliminar, ele encaminha aos tribunais, são as seguintes: por mau tratamento dos pais (em que qualquer pessoa que queira pode atuar como acusador sem ficar sujeita a nenhuma penalidade); por mau tratamento de órfãos (movidas contra seus tutores); por mau tratamento de herdeira única (movidas contra os tutores ou contra as pessoas com quem ela vive); por negligência relativamente aos bens de um órfão (também movidas contra os tutores); por insanidade, no caso em que alguém acusa uma outra pessoa por destruir suas propriedades devido à insanidade; para nomeação de liquidatários, quando alguém não deseja a administração em comum dos bens; para a instituição de tutela; para a decisão entre reivindicações rivais de uma tutela; para a apresentação de bens ou documentos; para a nomeação pessoal como tutor; de reivindicações de propriedades herdadas e de condição de herdeira única. Ele[239] também cuida dos órfãos, das herdeiras únicas e das esposas que declaram estar grávidas após a morte do marido, e detém autoridade absoluta para multar os que cometem injustiças contra essas pessoas e levá-los aos tribunais. Também arrenda as casas dos órfãos e das herdeiras únicas até que estes completem catorze anos, recebe hipotecas e cobra a manutenção alimentícia de tutores que não a realizam.

---

239. Ou seja, o arconte.

57

São essas as tarefas que estão aos cuidados do arconte.[240] Quanto ao rei, estão primeiramente aos seus cuidados os mistérios, em cooperação com os superintendentes dos mistérios, que são eleitos por votação ostensiva mediante o erguer das mãos pelo povo, sendo dois deles provenientes do conjunto total dos atenienses, um proveniente dos *eumólpidas*[241] e um dos *arautos*.[242] Em seguida as festas de Dionísio em Lenaio.[243] Esse festival é constituído de uma procissão e de uma competição, a primeira ordenada conjuntamente pelo rei e os superintendentes, a segunda organizada somente pelo rei. Também são organizadas por ele todas as competições de corridas com tochas; também dirige praticamente a totalidade dos sacrifícios ancestrais. As acusações de impiedade e as disputas em que as partes reivindicam sacerdócios hereditários são apresentadas a ele para que as encaminhe à corte que procederá ao julgamento. Também lhe cabe dirimir, no que toca a clãs e sacerdotes, controvérsias envolvendo a reivindicação de privilégios. A ele também são apresentados todos os casos de homicídio, bem como são feitas por ele *proclamações de exclusão dos ritos costumeiros*.[244] Julgamentos de homicídios intencionais[245] e agressões deliberadas são realizados no Areópago, bem como aqueles de homicídios por envenenamento e dos incendiários. De fato, somente esses são julgados pelo Conselho, ao passo que os homicídios involuntários,[246] a conspiração para assassinato e o homicídio de um escravo,

---

240. Com esta sentença o capítulo 56 é encerrado na edição de Kenyon de 1920.
241. ...Εὐμολπιδῶν... (*Eumolpidôn*), descendentes de Eumolpos, filho de Poseidon, que Deméter, deusa irmã de Poseidon, vinculou ao estabelecimento dos mistérios de Elêusis. Assim, os eumólpidas eram uma antiga família de sacerdotes do culto a Deméter.
242. ...Κηρύκων... (*Kerýkon*), antiga família de sacerdotes de Atenas.
243. Sudeste da acrópole. Essas festas (Λήναια [*Lénaia*]), chamadas de festas do lagar, eram celebradas no fim de janeiro. Na língua jônica antiga o período correspondente à segunda metade de janeiro e à primeira metade de fevereiro é Ληναιών (*Lenaión*), mais tarde o mês Γαμηλιών (*Gamelión*).
244. Edição de 1920: ...*proclamações de exclusão de pessoas maculadas dos ritos sagrados...* .
245. Com premeditação, dolosos.
246. Sem premeditação, culposos.

ou de um *meteco*,[247] ou de um estrangeiro são da competência da corte do Paládio;[248] quanto àqueles que confessam o homicídio, mas o declaram legal, por exemplo quando um homem mata outro homem flagrado em adultério, ou na guerra mata um concidadão ignorando de quem se trata, ou o faz numa competição de atletismo, são julgados no Delfínio.[249] Quando, entretanto, um homem, exilado por um homicídio que admite reconciliação, é acusado novamente de homicídio ou agressão, ele é julgado no Freato[250] e faz sua defesa de um barco ancorado próximo da praia. Todos esses casos, à exceção dos ouvidos no Areópago, são julgados pelos *efetes*[251] escolhidos por sorteio. Os casos são apresentados pelo rei, e a audiência realiza-se num recinto sagrado a céu aberto. O rei remove sua coroa quando ouve um caso. Durante todo o resto do tempo o ingresso do acusado nos templos é proibido, e a lei inclusive veda o seu ingresso na ágora, mas por ocasião do julgamento ele entra no recinto sagrado e profere sua defesa. Se o verdadeiro criminoso é desconhecido, o "autor do ato"[252] é chamado a juízo, e o rei e os reis tribais julgam o caso. São eles também que lidam com casos que envolvem acusações de homicídio cometido por coisas inanimadas e *outros* animais.[253]

58

O SENHOR DA GUERRA OFERECE sacrifícios a Ártemis, a Caçadora[254] e a Enialo,[255] e organiza as competições por ocasião do funeral dos mortos

---

247. Estrangeiro residente em Atenas.
248. ...Παλλαδίῳ... (*Palladíoi*), santuário de Palas, ou seja, Atena.
249. Templo de Apolo Delfínio.
250. ...Φρεάτου... (*Phreátou*), local no litoral do Pireu (porto, demo e região portuária de Atenas na cidade baixa em oposição à acrópole).
251. ...ἐφέται... (*ephétai*), juízes criminais que julgavam acusados sem direito de apelação. Atuavam precisamente nos tribunais do Paládio, Delfínio, Pritaneu e Freato.
252. Leia-se preferivelmente *acusado*.
253. Isto é, animais distintos do ser humano. Ver Platão, *As Leis*, Livro IX, 873e-874, obra publicada em *Clássicos Edipro*.
254. Uma das seis deusas olímpicas, filha de Zeus e Leto, irmã de Apolo.
255. Ares, o deus da guerra, filho de Zeus e um dos seis deuses olímpicos.

na guerra e em sua homenagem, além de fazer oferendas à memória de Harmódio e Aristógiton.²⁵⁶ Somente ações legais privadas são instauradas junto a ele, a saber, aquelas que envolvem estrangeiros residentes (*metecos*), tanto pessoas comuns quanto detentoras de privilégios, e proxenos;²⁵⁷ é sua incumbência receber esses casos, dividi-los em dez grupos, destinar a cada tribo o grupo que lhe cair por sorteio; em seguida os magistrados que apresentam os casos para a tribo passam-nos aos arbitradores. Ele pessoalmente instaura casos contra metecos acusados de agirem sem protetores ou de não os constituírem,²⁵⁸ bem como casos em que questões de propriedades e de herdeiras únicas envolvem os metecos; adicionalmente, todas as demais ações que são instauradas pelo arconte quando se trata de cidadãos, o são pelo senhor da guerra quando se trata de metecos.

59

OS LEGISLADORES TÊM COMO RESPONSABILIDADE, para começar, a elaboração das listas indicando os dias de sessão dos tribunais e a entrega delas aos magistrados, os quais acatam a organização determinada pelos legisladores. Ademais, são eles que promovem indiciamentos perante a Assembleia do povo, e obtêm toda a votação aberta para condenação à remoção do magistrado do cargo, informações preliminares despachadas pela Assembleia, impedimentos de procedimento ilegal, processos contra propostas de leis desaconselháveis,²⁵⁹ processos contra *próedros*²⁶⁰ ou superintendentes e auditorias das contas dos generais. Também cabe

---

256. Ver capítulo 18.
257. Ver nota 227.
258. O Estado ateniense exigia do meteco (estrangeiro residente) que se registrasse sob a proteção de um cidadão ateniense e todos seus atos importantes na cidade tinham que contar com a sanção desse protetor.
259. Desaconselháveis do ponto de vista dos interesses do Estado.
260. O πρόεδρος (*próedros*) em Atenas era o prítane em exercício. O termo remete à prerrogativa do prítane, que atuava geralmente como presidente, de ocupar os primeiros assentos nos teatros, nos Jogos e, naturalmente, nas assembleias.

a eles dar audiência a indiciamentos que envolvem *o pagamento de um depósito, em acusações de nascimento estrangeiro, corrupção estrangeira*[261] (isto é, quando alguém acusado de ter nascido no estrangeiro obtém sua absolvição mediante suborno), fraude, suborno, registro falso de dívidas públicas, falsa declaração de citação de testemunha, conspiração,[262] *ausência de registro*,[263] adultério. São igualmente eles que introduzem os exames para todos os cargos e as reivindicações à cidadania rejeitadas pelo voto dos demos, bem como os veredictos de condenação do Conselho. Instauram também ações privadas relativas a casos que envolvem mercadorias e mineração, além de ações contra escravos que difamam homens livres. São também eles que lançam a sorte para destinar as cortes de justiça tanto públicas quanto privadas aos muitos magistrados. Ratificam contratos que foram celebrados com outros Estados e levam ao tribunal casos que nascem desses contratos, bem como casos de falso testemunho[264] instituídos pelo Areópago. O sorteio dos juízes é efetuado por todos os nove arcontes mais o escrivão dos legisladores, totalizando dez, cada um executando a tarefa para sua própria tribo.

60

TAIS SÃO AS FUNÇÕES DOS NOVE ARCONTES.[265] São também eleitos por sorteio dez homens como comissários dos Jogos,[266] um proveniente de cada tribo, que, quando aprovados no exame de qualificação, mantêm o cargo por quatro anos; e administram a procissão das Panateneias,

---

261. Edição de 1920: *...o pagamento de um depósito por parte do acusador, a saber, indiciamentos por ocultação de origem estrangeira, por evasiva quanto à origem estrangeira...* .
262. Edição de 1920 acrescenta: para fazer constar alguém como devedor do Estado.
263. Edição de 1920: *...corrupção constituída pela remoção de alguém do elenco de devedores...* .
264. Ou seja, perjúrio.
265. Com esta frase a edição de 1920 finda o capítulo 59.
266. ...ἀθλοθέτας... (*athlothétas*).

o concurso musical, a competição ginástica e a corrida de cavalos, bem como providenciam a confecção do manto;[267] em associação com o Conselho, providenciam a confecção dos vasos[268] e entregam o óleo de oliva aos atletas. Esse óleo é obtido das oliveiras sagradas. O arconte o coleta dos proprietários das fazendas nas quais as árvores estão localizadas, 3 *meio-cotile*[269] de cada tronco. No passado, o Estado costumava vender o próprio fruto, e todo aquele que arrancasse ou derrubasse uma oliveira sagrada era julgado pelo Conselho do Areópago e se considerado culpado, punido com a morte; mas desde que o azeite passou a ser arrendado pelo proprietário da fazenda, esse julgamento deixou de ocorrer, embora a lei ainda seja vigente; e o direito do Estado pelo azeite é calculado com base na propriedade rural e não com base na quantidade de árvores. Desse modo, o arconte arrecada o tributo sobre o azeite que se acumula no seu ano de mandato, transferindo-o aos tesoureiros da acrópole, não lhe sendo permitido ter assento no Areópago enquanto não houver transferido o valor total aos tesoureiros. Estes o conservam sob sua guarda na acrópole até as Panateneias, quando o entregam aos comissários dos Jogos, os quais, por sua vez, entregam-no aos competidores que se sagram vitoriosos. Os prêmios para os vencedores na competição musical são em prata e ouro, para os vencedores naquela de *vigor e beleza masculinas*[270] escudos, e para os vencedores na competição de atletismo e corrida de cavalos, azeite.

61

MEDIANTE VOTAÇÃO ABERTA PELO erguer das mãos também são eleitos todos os oficiais militares, dez generais, que antes provinham um de

---

267. Ou seja, o manto de Atena.
268. O prêmio nas competições de atletismo era, além da coroa de folhas das oliveiras sagradas, um vaso de azeite.
269. O cotile correspondia a ¼ de litro e, portanto, o ἡμικοτύλη (*hemikotýle*) à oitava parte de um litro.
270. ...εὐανδρίαν... (*euandrían*), conceito que inclui também, é claro, a coragem.

cada tribo, mas que atualmente provêm de todo o conjunto dos cidadãos. Suas obrigações são indicadas por votação aberta; um deles é apontado para a infantaria pesada, que a comanda em expedições no estrangeiro; outro é apontado para a proteção da região rural, assumindo o comando militar sempre que irrompe uma guerra nessa região; são apontados dois para o Pireu, um deles para Muníquia e o outro para Acte,[271] que estão encarregados da proteção da população do Pireu; um para as *simorias*,[272] que nomeia os capitães de trirremes,[273] administra a troca de propriedades para eles e instaura suas reivindicações de isenção. Os demais são apontados para quaisquer missões que a qualquer momento sejam necessárias. A indicação desses oficiais é submetida à confirmação por ocasião de cada pritania quando se considera por votação se a administração deles é satisfatória; caso o voto seja desfavorável, o oficial é julgado no tribunal, e se considerado culpado e condenado, estima-se a punição ou multa a ser aplicada; entretanto, se absolvido, o oficial retoma seu cargo. Quando no comando de uma força militar, os generais possuem poder para punir a insubordinação mediante encarceramento, banimento anunciado publicamente ou multa; a multa, contudo, não é usual.

São eleitos também por votação aberta dez *comandantes de divisão de infantaria*,[274] um de cada tribo, que lideram membros de sua própria tribo e nomeiam comandantes de companhia.

São também eleitos mediante votação aberta dois *comandantes de cavalaria*[275] tomados do conjunto total de cidadãos. Esses comandam os cavaleiros, cada um deles tendo sob seu comando uma divisão que consiste de cinco tribos; seus poderes são idênticos aos dos generais, sobre

---

271. ...Ἀκτή... (*Akté*), promontório ao sul da entrada do Pireu.
272. A συμμορία (*symmoría*) era um conjunto dos sessenta cidadãos mais ricos de Atenas, que devia arcar com certas despesas públicas, sobretudo aquela da manutenção da frota e certas contribuições, como a que era feita em lugar dos cidadãos mais pobres. Eram vinte simorias, duas por cada tribo.
273. ...τριηράρχους... (*trierárkhous*).
274. ...ταξιάρχους... (*taxiárkhous*).
275. ...ἱππάρχους... (*hippárkhous*).

a infantaria pesada. Também a eleição dos comandantes é submetida à confirmação.

São ainda eleitos por votação aberta dez *comandantes de tribos*,[276] um por cada tribo, para comandar a cavalaria como os comandantes de divisão de infantaria comandam a infantaria pesada.

É eleito também por votação aberta um comandante de cavalaria para Lemnos[277] com a função de exercer o controle da cavalaria nessa ilha.

São eleitos ainda por votação aberta um tesoureiro do Páralo[278] e atualmente[279] um do navio de Amon.[280]

62

OS MAGISTRADOS ESCOLHIDOS POR SORTEIO eram antes os escolhidos da tribo como um todo juntamente com os nove arcontes e os que são atualmente eleitos no templo de Teseu, que era costume repartir entre os demos. Mas desde que os demos aderiram à prática de vender seus cargos, também esses últimos são escolhidos por sorteio da tribo como um todo, do que constituem exceções os membros do Conselho e os guardas, que são ainda atribuição dos demos.

A remuneração dos serviços é realizada como segue: primeiramente o povo[281] recebe uma dracma pelas reuniões ordinárias da Assembleia, e nove óbulos pela reunião soberana; em segundo lugar, os membros dos tribunais recebem três óbulos; em terceiro lugar, o Conselho[282] cinco óbu-

---

276. ...φυλάρχους... (*phylárkhous*).
277. Ilha no mar Egeu.
278. ...Παράλου... (*Parálou*), uma das trirremes pertencentes ao Estado ateniense empregada para missões diplomáticas e outras finalidades.
279. ...νῦν... (*nŷn*), ausente na edição de 1920.
280. Mais exatamente Zeus Amon.
281. ...δῆμος... (*dêmos*), entenda-se os membros da Assembleia do povo.
282. Ou seja, os membros do Conselho.

los; aqueles que atuam como prítanes recebem um óbulo a mais para a alimentação; os nove arcontes recebem cada um quatro óbulos para alimentação, mantendo também um arauto e um flautista; o arconte de Salamina recebe uma dracma por dia. Quanto aos comissários dos Jogos, jantam no Pritaneu durante o mês *hecatombeon*,[283] quando ocorrem as Panateneias, a partir do quarto dia do mês. Os delegados *anfictiônicos*[284] que se reuniam em Delos recebem uma dracma por dia do erário de Delos. Todos os magistrados enviados a Samos, ou Ciros, ou Lemnos, ou Imbros recebem uma pensão alimentícia.

Os cargos militares podem ser ocupados repetidamente, mas nenhum dos demais, à exceção do que se refere ao Conselho, do qual se pode ser membro duas vezes.

63

OS JUÍZES DOS TRIBUNAIS são escolhidos por sorteio pelos nove arcontes, cada um para sua própria tribo, e o escrivão dos legisladores da décima tribo. Os tribunais contam com dez entradas (uma para cada tribo), vinte salas (duas para cada tribo), onde o sorteio é feito, cem cofres (dez para cada tribo), outros cofres onde são lançadas as pranchetas dos juízes sorteados, e dois vasos[285]. São instalados bastões em cada uma das entradas numa quantidade correspondente à dos juízes e bolotas em igual número são lançadas no vaso;[286] nas bolotas estão inscritas letras do alfa-

---

283. ...Ἑκατομβαιῶνα... (*Hekatombaiôna*), correspondente à segunda metade de julho e primeira metade de agosto.
284. Os ἀμφικτύονες (*amphiktýones*) eram deputados (representantes) dos Estados gregos (membros de ἀμφικτυονία [*amphiktyonía*], ou seja, uma aliança ou confederação de Estados helênicos formada temporariamente com um objetivo comum), que se reuniam para debater questões políticas ou religiosas, de interesse da Grécia, em algumas cidades, inclusive Delos.
285. ...ὑδρίαι... (*hydríai*), o sentido aqui é de vasos que serviam de urnas.
286. Urna.

beto, a começar pela décima primeira, λ,²⁸⁷ tantas letras quanto as cortes a serem preenchidas. Todos os indivíduos de idade superior a trinta anos têm o direito de servir como juízes, desde que não estejam em dívida com o Estado e não hajam sido privados de seus direitos civis. Se qualquer indivíduo desqualificado serve como juiz, é feita uma denúncia contra ele e é encaminhado ao tribunal, e se condenado, os juízes estimam para ele a punição ou multa de que o julgam merecedor; e no caso de uma multa em dinheiro, o condenado permanece aprisionado até que pague a dívida original, devido à qual foi denunciado, mais a multa que lhe foi imposta pelo tribunal. Cada juiz dispõe de uma prancheta de madeira de buxo, sobre a qual estão escritos seu nome, o de seu pai e o do demo, além de uma letra do alfabeto até o κ²⁸⁸, pois os juízes pertencentes às várias tribos são divididos em dez seções, aproximadamente um número igual em cada letra.

Tão logo o legislador sorteou as letras a serem atribuídas às cortes, o servidor toma-as e afixa a cada corte a letra que lhe foi destinada.

64²⁸⁹

OS DEZ COFRES ESTÃO COLOCADOS em frente da entrada utilizada por cada tribo. Neles estão inscritas as letras até o κ²⁹⁰. Depois de cada juiz lançar sua prancheta no cofre em que se acha inscrita a mesma letra do alfabeto que encontra na sua própria prancheta, o servidor as agita bem e o legislador retira uma prancheta de cada cofre. O servidor em questão

---

287. *Lambda*.
288. *Kappa*.
289. Todo o restante do papiro da Constituição de Atenas a partir daqui encontra-se muito precário, reduzindo-se a meros fragmentos. Com base no trabalho de Kenyon, foram incluídos aqui os trechos que ofereceram maior legibilidade, e os hiatos foram preenchidos em caráter conjectural, tendo em vista tanto a alta probabilidade quanto a aceitabilidade geral.
290. *Kappa*.

é chamado de afixador,²⁹¹ sendo sua incumbência afixar as pranchetas retiradas de cada cofre à barra que ostenta a mesma letra que se encontra no cofre. A escolha desse servidor é feita por sorteio, já que se o afixador fosse sempre a mesma pessoa, poderia fraudar os resultados. Há cinco barras em cada uma das salas destinadas ao sorteio. O arconte lança os dados, sorteando para cada tribo, sala por sala. São dados de cobre, pretos e brancos. Os brancos são lançados na quantidade correspondente ao número de juízes que é necessário selecionar, um dado branco para cada grupo de cinco pranchetas, os restantes sendo pretos e utilizados de maneira proporcional. À medida que ele lança os dados, o arauto anuncia os nomes dos sorteados. Também o afixador está incluído entre os escolhidos. O anunciado atende ao chamado, retira uma bolota do vaso (urna) e segurando-a com a inscrição para cima, exibe-a primeiramente ao arconte que está presidindo; no momento em que o arconte a vê, ele lança a prancheta da pessoa²⁹² no cofre que tem em si inscrita a mesma letra da bolota, de modo que ela possa ingressar na corte que lhe foi destinada pela sorte, e não em qualquer corte de sua preferência, e de modo a impossibilitar que sejam reunidos numa determinada corte juízes segundo a vontade de uma pessoa. São colocados cofres próximos ao arconte na quantidade correspondente ao número de cortes a serem preenchidas, cada um ostentando a letra da corte sorteada.

65

APÓS MOSTRÁ-LA²⁹³ novamente ao servidor, a pessoa passa pela porta, recebendo então do servidor um bastão da mesma cor da corte que ostenta a letra inscrita em sua bolota, de modo a obrigá-la a ingressar na corte que lhe foi destinada pelo sorteio; caso se dirija a uma outra corte,

---

291. ...ἐμπήκτης... (*empéktes*).
292. Ou seja, da pessoa já constituída como juiz.
293. Ou seja, a bolota.

seu ingresso será detectado pela cor de seu bastão; de fato, cada uma das cortes exibe uma cor na verga de sua porta. Ela toma o bastão e dirige-se à corte da cor correspondente à do bastão e que apresenta a mesma letra da bolota. Ao entrar, recebe uma ficha de sinal de reconhecimento do indivíduo apontado por sorteio para desempenhar esse encargo. Então, munidas de suas bolotas e de seus bastões, elas,[294] tendo concluído o procedimento de admissão, tomam seus assentos na corte. Os afixadores devolvem as pranchetas aos não sorteados. Os servidores públicos de cada tribo transportam os cofres (um para cada corte) que contêm os nomes dos membros da tribo que estão naquela corte; e entregam-nos aos indivíduos sorteados para restituir as pranchetas[295] aos juízes em cada uma das cortes, *por número*,[296] de modo que em conformidade com isso, ao examiná-los, possam determinar o pagamento.

66

LOTADAS TODAS AS CORTES, duas urnas são instaladas na primeira corte, dados de cobre pintados com as cores das cortes e outros dados onde estão inscritos os nomes dos magistrados. São escolhidos mediante sorteio dois entre os legisladores, e eles jogam separadamente os dados coloridos numa urna e os outros com os nomes dos magistrados na outra. O magistrado cujo nome é sacado em primeiro lugar [da urna] é anunciado pelo arauto como destinado a primeira corte sacada,[297] *o segundo na segunda e analogamente em relação ao restante. Esse procedimento visa a impossibilitar que se conheça a corte em que se atuará, cada um indo atuar na corte que lhe foi atribuída pelo sorteio.*

---

294. Ou seja, as pessoas constituídas como juízes.
295. Na edição de 1920, Kenyon traduz *five in number* (em número de cinco), admitindo a expressão ἀριθμῷ πέντε (*arithmôi pénte*) no original.
296. A ser desconsiderado na edição de 1920.
297. Todo o texto que traduzimos na sequência em *itálico* (em condição fragmentária) só consta na edição de 1920, ficando a critério dos editores incluí-lo ou não.

Tendo os juízes adentrado o local e sido destinados às suas respectivas cortes, o arconte que preside em cada uma das cortes retira uma prancheta de cada cofre (que totalizam dez, uma retirada de cada tribo) e as lança num outro cofre, que estava vazio. Na sequência procede à remoção de cinco delas, concedendo em seguida uma ao supervisor da clepsidra e as quatro restantes ao escrutinador dos votos. O objetivo disso é prevenir qualquer prévia adulteração envolvendo o supervisor da clepsidra ou os escrutinadores, e assegurar que não ocorra nenhuma prática viciosa em torno disso. Os cinco que não foram escolhidos para essas funções recebem uma declaração informando sobre a ordem de recebimento da remuneração por parte dos juízes, e indicando os pontos de reunião da corte para as diversas tribos, relativamente a essa finalidade, uma vez concluídas suas incumbências. O propósito desse procedimento é possibilitar a separação dos juízes, por ocasião de seu pagamento, em pequenos grupos, impedindo sua aglomeração e o estorvo recíproco.

67

Findas essas operações preliminares, os casos são convocados. No dia das ações privadas, são convocados os litigantes privados. Em cada categoria legal são julgados quatro casos, os litigantes prestando juramento no sentido de limitar seus discursos à questão em pauta. Os litigantes são convocados no dia das ações públicas, sendo julgado apenas um caso. Clepsidras munidas de pequenos tubos de suprimento são usadas, sendo a água neles despejada, regulando-se, então, o tempo para a apresentação dos autos do processo. Os casos que envolvem uma quantia superior a cinco mil dracmas admitem aproximadamente quarenta litros de água, e aproximadamente doze litros para o segundo discurso de cada parte. Quando a quantia envolvida gira em torno de mil e cinco mil dracmas, são admitidos aproximadamente vinte e oito litros para o discurso de apresentação dos autos e oito litros para o segundo; sendo a quantia envolvida inferior a mil dracmas, respectiva e aproximadamente vinte litros e oito litros. São admitidos vinte e quatro litros para os casos de arbitrações entre demandantes rivais, casos em que não há um segundo discurso. O magistrado, que é escolhido por sorteio para a supervisão da clepsidra, pousa a mão no tubo de suprimento sempre que o secretário está na iminência de ler uma resolução, lei, depoimento juramentado ou negociação. Entretanto, quando o caso é tratado com base numa medida estabelecida do dia, o supervisor da clepsidra não interrompe o suprimento, cada parte tendo direito a uma idêntica quantidade extra de água. A medida padrão é a duração dos dias no mês Poseideon[298]*...*[299] *O dia medido é usado em casos em que a pena estipulada é encarceramento, morte, exílio, privação de direitos civis ou confisco de bens.*

68

A maioria das cortes contam com 500 juízes...[300] *Quando há necessidade de apresentar casos públicos diante de um júri de mil membros, são associadas duas cortes para realizar essa tarefa...*[301] *As peças de votação são de cobre com bases no sentido do seu centro; metade delas possuem a base perfurada, enquanto a outra metade a possuem maciça. Encerrados os discursos, os magistrados designados para a coleta dos votos entregam a cada juiz duas peças de votação, sendo uma perfurada e a outra maciça. Essa ação é executada de maneira ostensiva em relação aos litigantes rivais, objetivando assegurar que ninguém receberá duas peças de votação perfuradas ou duas maciças. Na sequência, o magistrado incumbido da função, toma os bastões dos juízes, e de imediato cada um, à medida que registra seu voto, recebe* uma ficha de reconhecimento de cobre marcada com o número 3 (pois ao abrir mão dessa ficha, ele recebe três óbulos), de maneira que todos possam votar. Ninguém pode receber uma ficha de reconhecimento sem votar. Duas

---

298. Ποσειδεών (*Poseideón*), sexto mês do calendário ático, corresponde aproximadamente a dezembro.
299. Hiato de difícil conjectura causado por cerca de dez linhas tornadas ilegíveis no papiro.
300. Falha do papiro neste ponto.
301. Falha do papiro neste ponto.

ânforas,[302] uma de cobre e a outra de madeira, estão colocadas na corte em lugares distintos, a impossibilitar que alguém furtivamente nelas deposite peças de votação. É nelas que os juízes depositam seus votos. A ânfora de cobre é para votos úteis, ao passo que a de madeira é para peças de votação não usadas, a primeira delas possuindo uma tampa provida de um orifício de tamanho apenas suficiente para receber uma peça de votação, de modo que ninguém possa aí introduzir duas. Quando os juízes estão prestes a dar seu veredicto, o arauto primeiramente indaga se os litigantes desejam objetar os testemunhos das testemunhas, pois essa objeção não pode ser feita após o começo da votação. Em seguida ele novamente proclama: "A peça de votação perfurada para o discursador anterior,[303] e a peça de votação maciça para o posterior."[304] E o juiz, ao retirar as peças de votação da urna, pressiona o furo da peça com seu indicador e polegar, impedindo que as partes em litígio vejam quer a perfuração, quer a peça maciça; ato contínuo lança aquela que ele deseja que seja computada na ânfora de cobre, e a peça por ele descartada na ânfora de madeira.

69

Depois de todos os juízes haverem votado, os servidores tomam a ânfora contendo os votos úteis[305] e despejam seu conteúdo sobre uma prancha de cômputo provida de uma quantidade de furos correspondente ao número de peças de votação, de modo que possam ser expostas visivelmente e facilitar o cômputo, e de modo que peças perfuradas ou maciças possam ser vistas com clareza pelos litigantes. E aqueles sorteados para efetuar a contagem das peças de votação, contam-nas sobre a prancha de

---

302. ...ἀμφορεῖς... (*amphoreís*), grandes vasos providos de duas asas, aqui com a função de urnas.
303. O demandante.
304. O acusado, o réu.
305. Ou seja, a ânfora de cobre.

cômputo, compondo dois conjuntos, o das peças maciças e o outro das perfuradas. Em seguida o arauto anuncia o número de votos, as peças perfuradas sendo a favor do acusador, enquanto as maciças a favor do acusado. Aquele que obtém o maior número de votos ganha a ação. Mas no caso de igualdade dos votos, o ganho da ação é do réu. Então, se houver necessidade de avaliação de danos, a votação é realizada novamente do mesmo modo, começando-se por fazer a restituição das fichas de reconhecimento e recebendo de volta os bastões. Quanto à avaliação dos danos, aproximadamente dois litros de água são admitidos para o discurso de cada parte. Finalmente, tendo eles concluído seus deveres legais como juízes, recebem seu pagamento na ordem definida pelo sorteio.

Este livro foi impresso pela Gráfica Cromosete
em fonte Garamond Premier Pro sobre papel Pólen Bold 90 g/m²
para a Edipro no inverno de 2022.